(개정판)

부동산 사지 말고 지어라!

원룸 건물, 신축사업 길라잡이

부동산 사지 말고 지어라!

원룸 건물, 신축사업 길라잡이

조장현 지음

두드림미디어

경제활동에서 가장 중요한 것은 '현금흐름'이다. 많은 사람들이 월급 외 수익이나 퇴직 후의 안정된 삶을 위한 이 '현금흐름'의 중요성에 대해서 뒤늦게나마 인식을 하고 안정적인 삶을 위한 '현금흐름'을 만들기 위해서 부동산 투자에 뛰어들고 있다.

필자는 전작인 《부동산 상식을 돈으로 바꾸는 방법》에서 다양한 종류의 부동산 투자 방법들과 그 수익구조를 설명했다. 이러한 다양한 부동산 투자 방법 중에서 안전성과 수익률의 두 가지 측면에서 볼 때 '신축사업'은 단연 부동산 투자의 꽃이라고 할 수 있다.

근래 이러한 점을 깨닫고 원룸 건물, 신축사업에 관심을 갖는 독자들이 많아지고 있다. 그럼에도 이 원룸 건물, 신축사업의 첫 단계인 '사업성 검토 및 부지 매입 단계'부터 '설계, 인허가', '시공사 선정과 공사진행', '준공(사용 승인)과 유지관리'에 이르는 모든 단계를 깊이 있게 다룬 책이 시중에는 아직 보이지 않는다. 간혹 보이는 신축사업과 관련된 책들도 전문 기술자가 아닌, 일반인이나 부동산 중개업자가 한두 번 정도 건물을 지어보고 그 경험을 나열한 수준 정도다. 이 정도로는 원룸 건물, 신축사업에 대해서 궁금증과 답답함을 가지고 있는 독자들의 갈증을 해소하기에 부족하지 않나 싶다.

필자는 기술계통 최고 등급의 자격면허인 '기술사' 자격을 2001년도에 취득한 정통 건축기술자로 24년간 대형복합시설, 쇼핑몰, 오피스빌딩, 공장, 물류센터, 주거시설 등에 대한 시공과 사업관리(PM)를 수행했고, 개인적으로도 다가구주택, 도시형 생활주택, 다중주택, 상가주택, 단독주택 등의 소규모 개발사업을 직접 시행하고 있다.

다가구주택, 도시형 생활주택, 다중주택과 같은 소규모 건축공사의 경우에 소위 '집장사'라고 불리는 건축 비전공자들이나 저급의 건축 기술자들이 건축공사를 수행하는 경우가 대부분이기 때문에 일반인들은 정통 건축기술자나 사업관리자(PM)의 차별화된 고급 건축기술을 접할 기회가 전무하다.

그래서 필자는 본인이 알고 있는 최상급의 건축기술과 개인적으로 진행했던 소규모 개발사업의 경험을 토대로 원룸 건물, 신축사업에 대한 '사업성 검토와 부지매입 단계'부터 '준공(사용승인)과 유지관리'에 이르는 모든 단계의 노하우를 이 책에 기술했다.

이 책이 독자 여러분의 꿈인 원룸 건물, 신축사업을 진행하는 데 많은 도움이 되리라 믿는다. 그리고 책에 소개되지 않은 건축과 관련된 궁금증이나 문의사항, 부도덕한 건축업자들에게 부당한 일을 당하고 있다면 필자에게 언제든지 연락해서 도움을 청하기 바란다.

끝으로 이 책이 나오기까지 도움을 주신 두드림미디어의 한성주 대표께 감사의 말씀을 전한다. 또 항상 곁에서 힘이 되어주는 혜원, 유영, 원영에게도 감사의 말을 전한다.

이 책을 읽는 모든 독자가 원룸 건물, 신축사업을 진행해서 현금흐름을 완성하는 목표에 성공하기를 기원하며 글을 마친다.

조장현

차례

원룸 건물의 종류와
수익구조

원룸 건물의 종류 5가지

겉보기에는 다 같아 보이는 원룸 건물이지만 원룸 건물에는 여러 가지 종류가 있다. 일반적으로 알고 있는 다가구주택부터 다중주택, 도시형 생활주택, 생활형 숙박시설, 고시원 등 이름도 다양하다.

겉모습은 비슷한데, 왜 이렇게 분류를 했을까? 그리고 원룸 건물 종류에 따른 장단점은 무엇일까? 왜 어떤 건물은 1층을 상가로 구성했는데, 또 어떤 건물은 굳이 1층 전부를 주차장으로 만들었을까?

만약 여러분이 원룸 건물을 지으려고 한다면, 우선 원룸 건물이 어떤 종류가 있는지부터 알아야 한다. 각각의 건물은 관련 법규 등으로 규제가 강하게 적용이 되기도 하고, 규제를 완화해주는 경우도 있다. 용도지역에 따라 건축이 가능하거나 혹은 불가능하기도 하다. 각각의 원룸 건물의 특성을 알고, 나에게 가장 알맞은 원룸 건물 종류를 선택해야 한다.

또한, 원룸 건물을 지으려면 원룸 건물 신축공사의 전체 흐름, 플로우(Flow)를 알아야 한다. 건축주라면 자기의 건물이 어떤 단계를 밟아서 완성이 되는지 정도는 머릿속에 숙지하고 있어야 한다. 플로우 안에 있는 각 단계별 중요사항에 대한 해설은 관련된 내용이 나올 때마다 설명이 될 예정이니 주의 깊게 살펴보기 바란다.

자료 1-1 원룸 건물 신축공사 전체 흐름

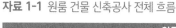

다가구주택

다가구주택이란 주택으로 쓰이는 층수(지하층 제외)가 3층 이하고, 1동의 주택으로 쓰는 바닥면적(지하주차장 면적 제외)의 합계가 660㎡ 이하며, 19세대 이하가 거주할 수 있는 주택을 말한다. 다가구주택은 가장 대표적인 원룸 건물이다.

다만, 다가구주택의 층수를 산정할 때 1층을 필로티(Pilotis) 구조로 계획해서 주차장으로 사용하고 나머지 부분을 주택 외의 용도로 쓰는 경

자료 1-2 다가구주택

우, 해당 층을 주택의 층수에서 제외한다. 다가구주택은 '건축법'에 의한 용도별 건축물의 종류상 단독주택에 해당한다(출처 : 국토교통부).

자료 1-3 다가구주택의 특징

구분	내용	비고
층수	주택으로 사용하는 층이 3개 층 이하	주택으로 사용하지 않는 층은 다가구 층수에 산입하지 않음
바닥면적합계	약 200평(660㎡) 이하	부설주차장 면적 제외
세대수	19세대 이하	
용도	단독주택	전체를 하나의 집으로 봄
소유권	구분등기 불가능	가구 개별로 매매 불가
주차대수	세대당 0.5~1대	지자체 조례로 정함

출처 : 토지이용계획열람, 토지이음

다가구주택은 단독주택으로 분류하기 때문에 세대별로 개별등기가 되는 다세대주택(공동주택)과는 구분해야 한다. 즉, 다세대주택은 세대별(방)로 주인이 다르지만(등기가 따로 되어 있지만) 다가구주택은 세대별(방)로 주인이 다르지 않고(건물 자체가 하나의 등기로 되어 있다) 1개의 단독주택이라는 의미다. 특히, 다가구주택의 경우에는 세대당 주차장 설치 대수의 확인이 매우 중요하다. 다가구주택의 주차장 설치기준은 지자체마다 조례로 정하기 때문에 지자체 조례를 반드시 확인해야 한다.

예를 들면, 서울의 경우에는 세대당 0.5대고, 경기도 이천시의 경우에는 조례에 세대당 1대로 정해져 있다. 서울에서 18세대 다가구주택을 지으려면 차량 9대 주차장을 확보해야 하지만, 이천시에서는 똑같이 18세대 다가구주택을 짓더라도 18대 주차장을 확보해야 한다는 의미이고 땅이 그만큼 더 넓어야 한다는 뜻이다.

정해진 대지 위에 몇 대의 주차장을 만들 수 있는지에 따라서 건물의 규모가 결정되고, 이는 결국 주차장 설치기준에 따라서 수익성과 사업성이 좋은지 나쁜지가 결정되게 되는 결과를 가져온다. 주차장 설치기준은 다음에 건축 관련 법규에서 자세하게 설명하겠다.

🏠 다중주택

다중주택이란 다음의 요건을 모두 갖춘 주택을 말한다.

1) 학생 또는 직장인 등 여러 사람이 장기간 거주할 수 있는 구조로 되어 있는 것
2) 독립된 주거의 형태를 갖추지 않은 것(각 실별로 욕실은 설치할 수 있으나, 취사시설은 설치하지 않은 것을 말한다)
3) 1개 동의 주택으로 쓰이는 바닥면적(부설 주차장 면적은 제외한다. 이하 같다)의 합계가 660제곱미터 이하이고 주택으로 쓰는 층수(지하층은 제외한다)가 3개 층 이하일 것. 다만, 1층의 전부 또는 일부를 필로티 구조로 하여 주차장으로 사용하고 나머지 부분을 주택(주거 목적으로 한정한다) 외의 용도로 쓰는 경우에는 해당 층을 주택의 층수에서 제외한다.
4) 적정한 주거환경을 조성하기 위하여 건축조례로 정하는 실별 최소

자료 1-4 다중주택

면적, 창문의 설치 및 크기 등의 기준에 적합할 것

(건축법 시행령 일부개정 2020. 12. 15/시행 2021. 03. 16)

다중주택은 '건축법'에 의한 용도별 건축물의 종류상 단독주택에 해당한다(출처 : 건축법 시행령)

다가구주택의 대안으로, 두 번째로 많이 보게 되는 원룸건물이 다중주택인데, 표로 정리하면 다음과 같다.

자료 1-5 다중주택의 특징

구분	내용	비고
층수	3개층 이하 (지하층은 제외한다)	1층의 전부 또는 일부를 필로티 구조로 해서 주차장으로 사용하고, 나머지 부분을 주택(주거 목적으로 한정한다) 외의 용도로 쓰는 경우에는 해당 층을 주택의 층수에서 제외
바닥면적합계	약 200평 (660㎡) 이하	
주거형태	독립된 주거의 형태를 갖추지 않음	취사시설 불가능, 욕실 가능
용도	단독주택	
주차대수	1+[(연면적 – 150)÷100]	

출처 : 토지이용계획열람, 토지이음

다중주택이 다가구주택과 크게 다른 점 두 가지는 취사시설과 주차대수인데, 다중주택이 다가구주택에 비해 가장 취약한 부분이 바로 취사시설을 설치하지 못한다는 것이고, 그럼에도 불구하고 다가구주택 대신 다중주택을 건축하는 가장 큰 이유는 주차대수를 많이 설치하지 않아도 되어서 작은 땅에도 세대수를 많이 배치할 수 있기 때문이다.

만약 서울에서 16세대짜리 다가구 주택을 짓는다면 필요한 주차대수는 세대당 0.5대이기 때문에 부설주차장 면수를 8개를 만들어야 하고, 주차장 1면당 개략적으로 약 10평 정도가 필요하기 때문에(주차면 면적 + 통로 면적) 약 80평 정도의 대지가 필요하다.

하지만 16세대짜리 다중주택(반지하+지상 3개층, 층당 4세대 배치)을 짓는다면, 주차장을 최대로 하더라도 3대를 넘지 않기 때문에 다가구 주택에 비해서 적은 면적의 대지로도 가능하다. 또 주차장을 설치하고 남는 면적에 상가 등을 배치해서 추가 월세 수익을 얻을 수도 있다.

다중주택의 주차대수 산정

다중주택의 경우 주차대수는

시설면적 50㎡ 초과 150㎡ 이하 : 1대

시설면적 150㎡ 초과 : 1대에 150㎡를 초과하는 100㎡당 1대를 더한 수다.

공식으로 적으면

1+[(연면적 - 150)÷100]

이 된다.

연면적은 발코니 확장면적 등의 서비스면적은 제외된 면적이고, 사사오입(소수점 둘째 자리 이하는 버리고 첫째 자리에서만 반올림)을 따른다.

만약 건축법 시행령이 일부개정(2020. 12. 15)되기 전의 다중주택 최대면적인 330㎡를 짓는다면

1+[(330 - 150)÷100]=2.8

이므로 3대가 되고, 이는 다시 말하면 건축법 시행령이 일부개정(2020. 12. 15)되기 전의 다중주택은 최대면적인 330㎡를 짓더라도 주차대수가 3대를 넘지 않았다는 뜻이다.

이 주차대수 산정식 때문에 다중주택은 대부분 299㎡를 넘지 않게 설계를 했었는데, 앞의 공식에 300㎡를 적용해보면

$1+[(300-150)\div100]=2.5$

즉 300㎡이면 주차대수를 3대 넣어야 하지만

$1+[(299-150)\div100]=2.49$

로 299㎡이면 주차대수를 2대만 넣으면 되기 때문이다.

많은 사람들이 다가구주택을 계획하다가 다중주택으로 계획을 변경한다. 하지만 다중주택의 취사시설은 원칙적으로 불법이라는 것을 명심해야 한다.

실무에서는 '후 공사'라는 명칭으로 공사 중에 미리 수도, 전기 등을 매립해놓고 건축물 사용 승인을 받은 후 매립했던 수도, 전기 등을 노출해서 인덕션, 싱크대 등을 설치한다. 과거에는 취사 시설의 대부분이 가스를 이용했기 때문에 적발이 용이했지만, 지금은 전기를 사용하는 인덕션을 설치하기 때문에 적발이 쉽지 않다. 적발되는 경우의 대부분은 건물을 사용하던 세입자와 집주인 간의 불화로 인한 세입자의 신고, 또는 주변의 다른 원룸 주인들의 신고로 적발된다.

🏠 도시형 생활주택

도시형 생활주택이란 서민과 1~2인 가구의 주거 안정을 위해 2009년 5월부터 시행된 주거 형태다. 300대 미만의 국민주택규모에 해당하는 주택이며, '국토의계획및이용에관한법률'에 따른 도시지역에 건설하는 원룸형 주택, 단지형 연립주택, 단지형 다세대주택을 말한다.

자료 1-6 도시형 생활주택

① **원룸형 주택** : 다음의 요건을 모두 갖춘 공동주택

　- 세대별 주거전용면적은 50㎡ 이하일 것

　- 세대별로 독립된 주거가 가능하도록 욕실 및 부엌을 설치할 것

　- 욕실 및 보일러실을 제외한 부분을 하나의 공간으로 구성할 것

　　(다만, 주거전용면적이 30㎡ 이상일 때 두 개의 공간으로 구성할 수 있음)

　- 지하층에는 세대를 설치하지 않을 것

② **단지형 연립주택** : 원룸형 주택이 아닌 연립주택. 다만, '건축법'에 따라 기준 완화 적용에 대해 건축위원회의 심의를 받으면 주택으로 쓰는 층수를 5층까지 건축할 수 있다.

③ **단지형 다세대주택** : 원룸형 주택이 아닌 다세대주택. 다만, '건축법'에 따라 기준 완화 적용에 대해 건축위원회의 심의를 받은 경우, 주택으로 쓰는 층수를 5층까지 건축할 수 있다.

출처 : 토지이용계획열람, 토지이음

도시형 생활주택은 300세대 미만 국민주택규모의 주택을 저렴하고 신속하게 공급함으로써 서민의 주거안정에 기여하기 위해 도입된 제도다. '주택법' 제57조에 따른 분양가 상한제 적용에서 제외하며 '건축법' 제25조에 따라 공사감리를 하고 '주택법'에 의한 감리자를 지정하지 않는다.

하나의 건축물에는 도시형 생활주택과 그 밖의 주택을 함께 건축할 수 없다. 다만, 원룸형 주택과 도시형 생활주택 외의 주택 1세대를 함께 건축하는 것과 준주거지역 또는 상업지역에서는 원룸형 주택과 그 밖의 주택을 함께 건축하는 것은 가능하다.

하나의 건축물에는 단지형 연립주택 또는 단지형 다세대주택과 원룸형 주택을 함께 건축할 수 없다.

구분	내용	비고
규모	300대 미만의 국민주택규모	
용도지역	도시지역	
세대별 주거전용면적	50㎡ 이하	
주거형태	욕실 및 부엌을 설치	독립된 주거 가능하도록
지하층	지하층에 세대설치 불가	
용 도	공동주택	건축법의 공동주택 분류에는 명기가 되지 않았으나 공동주택으로 업무 진행

출처 : 토지이용계획열람, 토지이음

이 책에서는 도시형 생활주택 중 원룸형 주택에 대해서만 설명하기로 한다. 하나의 건축물에는 도시형 생활주택과 그 밖의 주택을 함께 건축할 수 없다. 즉, 일부는 도시형 생활주택, 일부는 다중주택과 같이 계획하는 것은 불가능하다.

원룸형 주택과 도시형 생활주택 외의 주택 1세대를 함께 건축하는 것은 가능하다. 원룸형 주택으로 모든 세대가 50㎡ 이하로 해야 하지만 예외적으로 주인세대로 쓰는 주택 1세대는 가능하다.

준주거지역 또는 상업지역에서는 원룸형 주택과 그 밖의 주택(다가구주택, 다중주택 등)을 함께 건축하는 것은 가능하다.

도시형 생활주택은 2009년에 1~2인 가구를 위한 주택공급 확장을 위해서 도입됐다. 도시형 생활주택을 건축하는 장점은 다음과 같다.

출처 : 토지이용계획열람, 토지이음

첫 번째, 주차대수가 다가구 주택에 비해서 완화가 되는 지자체가 많다.

두 번째, 다중주택의 취약점인 '취사시설'의 설치가 가능하다.

세 번째, 다가구주택, 다중주택에 비해 층수 제한이 적다.

네 번째, 오피스텔과 비교하면, 서비스면적(발코니 등)의 설치가 가능해서 허가면적보다 실면적을 넓게 지을 수 있다.

다섯 번째, 공동주택이므로 세대별로 구분등기가 되며 세대별로 분양을 할 수 있다.

사실 도시형 생활주택이 예전에 가장 주목받은 이유는 세대당 주차대수가 아닌 면적당 주차대수를 적용했기 때문인데, 이로 인한 주차난이 불거지면서 현재는 대부분의 지자체에서 다가구 주택과 유사한 주차장 설치기준을 마련했다.

하지만 다른 장점들이 많으므로 용적률 기준이 높은 지역에서는 여전히 도시형 생활주택의 신축을 적극적으로 고려해봐야 한다.

다만 주택의 용도가 단독주택이 아니고 공동주택으로 분류되기 때문에 복도 폭, 피난 등에서는 단독주택으로 분류가 되는 다가구주택과 다중주택에 비해 임대면적의 손실이 있는 것을 감안해야 할 것이다.

또한, 도시형 생활주택은 말 그대로 '도시형'이기 때문에 '도시지역외'에서는 건축을 할 수 없다. 만약 대상부지가 도시지역이 아니라면, 다음에 설명하는 '생활형 숙박시설'을 고려해보자.

🏠 생활형 숙박시설

생활형 숙박시설이란 건축법 시행령 [별표 1] 용도별 건축물의 종류 (제3조의5 관련)에서 15. 숙박시설, 가. 일반숙박시설 및 생활숙박시설로 분류되어 있고, 2012년 1월 보건복지부의 공중위생관리법 시행령 개정을 통해 생활형 숙박업이 추가가 됐다.

이해하기 쉽게 설명하자면, 주거용 건물이 아니고 숙박시설, 즉 호텔이나 모텔 같은 숙박시설의 한 종류인데, 장기간 거주가 가능하도록 취사시설 등이 완비된 형태이며 발코니 확장도 가능한 형태라고 생각하면 쉽다.

생활형 숙박시설의 장점은 첫 번째, 주택이 아니어서 실별로 분양을 할 때에 청약통장, 전매제한, 주택대출규제 등을 받지 않고 보유주택 수에서도 배제된다. 그러므로 다주택자 양도세 중과에서도 자유롭다는 것을 어필할 수 있다.

두 번째, 서비스면적(발코니확장 등)이 있어서 동일한 허가면적의 오피스텔에 비해서 더 넓게 지을 수 있고 요즘 유행하는 에어비앤비, 게

스트하우스 등으로도 운영이 가능하다.

세 번째, 전용주거지역, 일반주거지역에서는 건축이 불가하지만, 용적률 기준이 높고 대신 토지비가 비싼 준주거지역이나 상업지역에 건축이 가능하기 때문에 토지 활용성이 높다. 또한 비도시지역인 계획관리지역에도 건축이 가능하다.

네 번째, 주차장 기준이 주거용이 아닌 숙박시설 기준을 따르기 때문에 주차대수 확보에 비교적 자유롭다.

원룸형태의 건물 중에 확보해야 하는 주차장의 수가 가장 적은 것이 바로 이 '생활형 숙박시설'인데, 시설면적 200㎡당 1대이기 때문에 주거용 건물 중에 주차대수 기준이 가장 적은 다중주택보다도 적다.

바로 이 이유 즉, 주차장 확보 대수가 적기 때문에 1층부터 건물을 사용하고자 하는 예비 건축주들이 생활형 숙박시설을 검토하는 것이다.

그렇다면, 생활형 숙박시설의 단점은 어떤 것이 있을까? 첫 번째, 주차공간이 부족해서 입주민들의 편의성이 떨어진다.

두 번째, 전입신고 후 30일 이상 거주하게 되면 주택으로 간주되어 주택 수에 포함되며, 이 경우 다주택자 양도세 중과를 받게 된다. 이 부분의 인식 부족으로 많은 생활형 숙박시설을 분양받은 사람들이 뒤늦은 후회를 하기도 한다.

세 번째, 주택임대사업자가 아닌 일반임대사업자로 등록이 되기 때문에 주택임대사업자에게 주어지는 각종 혜택(재산세 감면 등)을 받지 못한다.

네 번째, 주택이 아니기 때문에 세입자의 전세자금대출 등이 곤란하다.

이와 같이 생활형 숙박시설의 대표적인 장점과 단점을 가만히 살펴보면, 건축을 해서 분양, 임대를 하는 건축주 입장에서는 단점의 세 번째 사항 외에는 특별히 안 좋은 점이 없다.

하지만, 만약 여러분이 생활형 숙박시설을 건축을 하는 입장이 아니고 분양을 받거나, 임대를 들어가는 입장이라면 다시 한번 고려를 해보는 것이 좋겠다.

결국 한정된 땅 위에 건물의 연면적이 크면. 건축을 하는 사람은 이윤이 커지게 되는 것이고, 그 지어진 건물을 매입하는 사람은 할당되는 토지면적이 적어지게 되므로 토지 가격 상승분에 대한 혜택을 크게 누리지 못하게 되는 결과를 초래하게 되어 손해를 보게 되는 것이다.

쉽게 말하면, 생활형 숙박시설을 직접 지을 거라면 추천, 지어진 것을 사는 것이라면 피해야 한다는 이야기다.

🏠 고시원, 고시텔

고시원이란 건축법 시행령 [별표 1] 용도별 건축물의 종류(제3조의5 관련)에서 4. 제2종 근린생활시설 중에 거.항 다중생활시설 '다중이용업소의안전관리에관한특별법'에 따른 다중이용업중 고시원업의 시설로 국토교통부장관이 고시하는 기준에 적합한 것을 말한다. 또, 같은 건축물에 해당 용도로 쓰는 바닥면적의 합계가 500㎡ 미만인 것이라고 명기되어 있다.

고시원은 고시텔, 원룸텔, 리빙텔, 하우스, 레지던스 등의 이름으로 운영되고 있는데, 근래에는 '고시'라는 단어가 붙은 고시원은 점점 없어지는 추세며, 실제로도 고시원의 이용자들이 학생에서 직장인들과 1인 가구 생활하는 사람들로 바뀌고 있다.

자료 1-11 고시원

원룸 건물을 이야기할 때에 대표적인 예로 드는 것이 바로 다가구주택과 다중주택인데, 이들은 안정적인 월세가 높은 수익률로 고정적으로 나온다는 점에서 많은 사람들이 관심을 갖지만 쉽게 접근하지 못하는 이유가 바로 초기투자비가 많이 들기 때문이다.

그런데 이 고시원의 경우에는 원룸 건물보다 훨씬 적은 초기투자비로 비슷한 임대수익 구조를 만들 수 있는 장점이 있다.

예를 들어서 방 19개가 있는 다가구 주택을 지으려면 땅값, 건축비, 설계비와 각종 부담금 등이 수억 원에서 수십억 원이 들어가기도 하고, 또 건물을 준공하고 나서 유지, 관리하는 데에도 재산세, 종합부동산세 등의 여러 가지 비용들이 발생한다.

그에 비해 고시원의 경우에는 근린생활시설 건물 중 약 100평 정도를 임대해서 방 개수 30여 개 정도로 운영하는 경우가 가장 많은데, 이 정도 규모의 고시원은 시설비와 보증금을 합해서 약 2억 원~3억 원 정도면 가능하다.

그리고 방 개수는 원룸 건물의 방 개수보다 더 많으므로 투자 대비 수익률로 보게 되면 원룸 건물의 수익률을 앞서게 된다.

다만, 고시원은 다중주택과 마찬가지로 취사시설을 설치할 수 없어서 적정규모의 공동취사장 등을 마련해야 하는 단점이 있고, 고시원을 운영하려면 고시원 입주자들의 식사를 준비해야 하기도 하며, 또 보증금 없이 한 달 월세를 받기 때문에 발생하는 여러 가지 문제들이 있는데, 이를 적극적으로 해결해 나가려는 의지가 필요하다.

지어진 원룸 건물을 살 때,
평생 속은 줄도 모르는 업자의
거짓말 2가지

원룸 건물에 대해서 관심을 갖게 되면, 가장 먼저 이미 지어진 원룸 건물들을 찾아보기 시작한다. 그래서 평소에 생각하고 있었던 지역의 부동산 중개사무소에 가서 원룸 건물이 매물로 나와 있는지 물어본다.

부동산 중개사무소 입장에서는 간만에 돈이 되는 손님이 찾아온 것이다. 왜냐하면, 서울의 웬만한 신축 원룸 건물의 경우 대략 15억 원 선이 되는데, 매매가 15억 원이면 부동산 중개보수, 즉 복비가 약 1천 3백 5십만 원이다(15억 원×0.9%).

그러니 부동산 중개사무소 입장에서는 조그마한 아파트 대여섯 개를 중개하는 것보다 원룸 건물 한 개를 중개하는 것이 훨씬 이득이고 그러다 보니 아주 친절하고 많은 물건을 비교할 수 있게 도와준다.

원룸 건물을 처음 부동산 중개사무소에 가서 물어보는 분들은 두 가지에 대해서 놀라게 되는데, 첫 번째가 전체 원룸 건물 가격에 비해서 내가 실제로 투입되는 비용이 예상보다 적다는 것이고, 두 번째가 부동산 중개사무소에서 제시하는 물건의 수익률이 예상보다 굉장히 높다는 것이다.

여러분은 절대로 부동산 중개사무소에서 이야기하는 것을 액면 그대로 받아들여서는 안 된다. 거짓말을 한다는 것이 아니라, 보여주고 싶은 것만 보여주는 것이다. 모르면 당하게 되어 있다.

그러면, 앞서 말한 두 가지, 즉 실제 투입되는 비용과 수익률을 일부 부도덕한 부동산 중개사무소에서 어떻게 현혹시키는지 알아보도록 하자.

자료 1-12 원룸 건물 수익률 표(조정)

1. 부동산 표시

소재지			건축개요		건축년도	용도
대 지	232 m²	70 평	건폐율	59.80%	2015	다가구주택
연면적	410 m²	124 평	용적률	177.50%	용도지역	주차대수
건물구조	철근콘크리트조		건축면적	139 m²	제1종일반주거지역	7대

2. 층별 구성

층별	형태	호수	보증금	월세	비고	옵션사항 및 특이사항	
1층	주차장					옵션: TV, 에어컨, 냉장고, 세탁기, 붙박이장	
		A				원룸	11
						미니투룸	
2층	원룸	201	500	40		투룸	
	원룸	202	200	43		쓰리룸	
	원룸	203	300	42		주인세대	1
	원룸	204	4,000	8		상가	
	원룸	205	4,500	2		총 (12)가구 / (0) 상가	
						주변환경	
3층	원룸	301	500	40		지하철	
	원룸	302	300	42		버스정류장	
	원룸	303	4,500	3		학교	
	원룸	304	500	40		상가	
	원룸	305	300	42		기타	
4층	원룸	501	4,500	3		특이사항	
	주인세대	502	10,000	40		외벽마감	대리석
						엘리베이터	5인승
						CCTV	6ea운영
합계	12가구		30,100	345			

3. 건물전경 및 투자 수익 분석

(단위: 만 원)

매매금액	116,000
대출금액	46,000
보증금	30,100
실투자금	39,900
월수입	345
관리비	
월이자	134
대출금리	3.50%
월순수입	211
연순수입	2,530
수익률	6.34%

B · C · D · E

일반적으로 부동산 중개사무소에 방문해서 원룸 건물을 사겠다고 하면 원룸 건물의 수익률 표를 보여준다.

조정된 수익률 표에 나와 있는 이 건물은 매매가격 11억 6천만 원, 실투자금 3억 9천 9백만 원, 연 순수입 2천 5백 3십만 원, 수익률 6.34%로 되어 있고, 일부 부도덕한 부동산 중개사무소에서는 이렇게 이야기한다. 실 투자금액은 보증금을 조정하면 조정할 수 있다고.

원룸 건물을 매수하려고 찾아온 사람 입장에서는 돈이 모자라면, 가지고 있는 금액에 맞춰줄 수도 있다고 하니 횡재를 한 것 같고 '역시 행동하는 사람이 돈을 버는구나'라고 생각하며 자기 자신이 뿌듯하게 보일 수도 있겠다.

하지만 이들이 제시한 11억 6천만 원이라는 매도금액에는 이미 그들의 이윤이 넉넉하게 반영이 되어 있는 상태다. 이 부분은 뒤에 자세하게 설명하도록 하겠다.

이 건물의 정상적인 상태의 수익률표다. 이전과 비교해서 무엇이 달라졌는지 보이는가?

먼저, 첫 번째로 A와 A′를 비교해보면 A′는 같은 면적의 원룸에 대해서 똑같은 가격의 보증금과 월세를 적용했고, A의 경우에는 보증금을 올리거나 내렸다.

두 번째로 B의 은행 대출을 B′와 같이 은행 대출은 없는 상태로 만들었다. 이 A와 B가 결국, 제일 중요한 E와 E′, 즉 수익률을 결정을 짓는다.

두 개의 표를 잘 살펴보면, 조정된 표의 수익률은 6.34%이고, 정상

자료 1-13 원룸 건물 수익률 표(정상)

1. 부동산 표시

소재지				건축개요		건축년도	용도
대 지	232 m²		70 평	건폐율	59.80%	2015	다가구주택
연면적	410 m²		124 평	용적률	177.50%	용도지역	주차대수
건물구조	철근콘크리트조			건축면적	139 m²	제1종일반주거지역	7대

2. 층별 구성

층별	형태	호수	보증금	월세	비고	옵션사항 및 특이사항	
1층	주차장					옵션: TV, 에어컨, 냉장고, 세탁기, 붙박이장	
		A'				원룸	11
						미니투룸	
2층	원룸	201	500	40		투룸	
	원룸	202	500	40		쓰리룸	
	원룸	203	500	40		주인세대	1
	원룸	204	500	40		상가	
	원룸	205	500	40		총 (12)가구 / (0) 상가	
3층	원룸	301	500	40		주변환경	
	원룸	302	500	40		지하철	
	원룸	303	500	40		버스정류장	
	원룸	304	500	40		학교	
	원룸	305	500	40		상가	
						기타	
4층	원룸	501	500	40		특이사항	
	주인세대	502	10,000	40		외벽마감	대리석
						엘리베이터	5인승
						CCTV	6ea운영
합계	12가구		15,500	480			

3. 건물전경 및 투자 수익 분석

(단위:만 원)

B' 매매금액	116,000
대출금액	
보증금	15,500
C' 실투자금	100,500
월수입	480
관리비	
월이자	
대출금리	3.50%
D' 월순수입	480
E' 연순수입	5,760
수익률	5.73%

적인 표의 수익률은 5.73%다. 무려 0.6%나 되는 수익률의 차이를 만들어냈다.

간단하게 설명하자면, 여러분들이 원룸 건물을 사기 위해서 방문하는 일부 부도덕한 부동산 중개사무소에서 브리핑하는 '수익률'은 부동산 중개사무소 사장님 맘대로 만든, 즉 엿장수 마음대로 만들어낸 숫자라는 것이다.

왜냐하면, 부동산 중개사무소에서는 원룸 건물 구매 의사가 있는 매수 의뢰인이 오면 어떻게 하든 계약을 성사시켜야 하기 때문이다. 그래야 중개수수료를 받을 수 있기 때문이다.

여러분들의 전 재산이 들어가는 원룸 건물 매매 행위가, 계약성사만을 목적으로 하는 일부 부도덕한 부동산 중개사무소의 상술에 휘둘리게 된 것이다.

그런데, 이렇게 일부 부도덕한 부동산 중개사무소의 거짓말에 속아 원룸 건물을 매입하고도 자기가 뒷통수를 맞았다는 것을 평생 모르고 살아가는 사람이 대다수다.

이런 분들은 항상 이것이 의문이다. '이상하네. 분명히 ○○○원이 남아야 하는데 안 남네.' 아마 평생 풀리지 않는 수수께끼일 것이다.

그리고 정상적인 수익률 표에서도 마찬가지로 보증금 합계금액인 1억 5천 5백만 원을 월세로 환원해서 보증금이 없는 상태의 연간 수익률을 계산하는 것이 제일 정확하게 수익률을 계산하는 방법이다. 하지만 일반적으로 우리나라에서는 지역마다 통용되는 보증금의 수준이 있으므로 이 정도만 확인을 해도 누군가에 의해서 의도적으로 뒷통수를 맞는 상황은 피할 수 있을 것이다.

그리고 월세 금액과 보증금의 환산비율은 지역마다 다르기 때문에 만약 원룸 건물을 매매로 매입을 하려고 생각하는 분들은 꼭 한번 짚고 넘어가도록 하자.

원룸 건물,
살 때와 직접 신축할 때,
돈이 얼마나 차이가 날까?

원룸 건물을 매매로 살 때와 직접 신축을 할 때에 장단점은 여러 가지가 있지만, 무엇보다 가장 큰 것은 바로 투입되는 돈의 차이다.

필자의 경험상으로 이야기하자면, 매매가격 약 12억 원 전후의 건물의 경우에 적게는 1억 5천만 원에서 많게는 2억 원 이상 차이가 생긴다.

즉, 직접 지으면 매매로 사는 것보다 약 2억 원의 돈을 절약할 수 있다는 것이고, 이는 다시 말하면, 직접 지어서 매도를 하게 되면(소형 신축사업) 한 채당 약 2억 원의 수익이 생긴다는 의미다. 물론 그런 지역을 찾는 것이 먼저다.

그러면 이제부터 원룸 건물을 지으면 얼마의 수익을 가져올 수 있는지 알아보도록 하자. '원룸 건물 수익＝매도금액－투입비용'인 것은 너무 당연한 얘기다.

먼저 간단하게 계산이 가능한 투입비용부터 알아보면, 투입비, 즉 총사업비는 다음과 같다. 첫째, 토지비(부동산 수수료, 취등록세 등 포함),

둘째, 건축공사비(토지공사, 골조공사, 마감공사 등 포함), 셋째, 설계비, 감리비, 각종 부담금 등이다.

이 세 가지의 구성요소에 들어가는 세부요소들은 건물의 규모나 위치, 종류에 따라서 가감되는 항목이 있으니 실제로 공사에 적용할 때에는 유관 관청이나 설계사, 시공사에 확인해서 미리 검토하도록 한다.

원룸 건물을 짓는 데 들어가는 비용을 확인했으니, 이제 원룸 건물을 얼마에 팔 수 있는지 확인을 해보면 원룸 건물을 신축하는 것의 수익이 얼마나 되는지 확인할 수 있겠다.

원룸 건물의 매도금액은 위에서 설명한 수익률과 준공년도 두 가지로 결정이 나는데, 비슷한 시기에 지어진 건물이라면 '수익률'이 원룸 건물의 가격을 결정한다.

자료 1-14 건축공사의 구성

자료 1-15 원룸 건물 건축 사업비 구성요소

구분		시행, 시공		비중	산출근거
		공급가액	부가세		
매출					
분양매출	건축주명의변경				
	일반매매				
	기타				
	매출합계				
원가					
부지관련	토지매입비				
	취등록세				
	종합부동산세				
	중개수수료				
	법무사수수료				
	인지대, 증지대, 제증명				
	국민주택채권				
	신탁수수료				
	지반조사,측량비				
	기 투입비용				
	소계				
공사비	공사1	순공사비			
	공사2	철거비			
		옥상조경특화			
		인입공사비,예비비			
		미술장식품비			
		특화공사(EV설치)			
		빌트인(공사비포함)			
	공사3	하자보수비			
	소계				
설계감리비	설계비				
	감리비				
	인테리어 설계비				
	건축공사 면허임대				
	조감도 제작비				
	소계				
자재매입비	철근매입비				
	기타자재매입비(단열재등)				
	식대, 용료				
	분양홍보 및 인쇄비				
	중개수수료				
	매각컨설팅(분양대행)용역비				
	상가대행용역비				
	각종공과금				
	소계				
제세공과금	건물보존등기비				
	산업재해 보험금				
	기반시설부담금				
	상하수도 원인자부담금				
	가스관로공사분담금				
	전기인입표준공사비				
	오수공사비(원인자부담금)				
	양도소득세				
	소계				
인허가비용	지구단위계획용역				
	개발부담금				
	준공검사비				
	환경영향평가비				
	환경영향평가 감리비				
	구조안전진단비				
	도로점용허가비				
	소계				
각종수수료	재산세				
	대출관련근저당(지상권)설정등				
	멸실등기수수료				
	세무회계수수료				
	이자				
	이행보증수수료				
	대출수수료				
	소계				
각종비용	수도세				
	전기료				
	가스료				
	행정용역비				
	기타비용				
	소계				
기타	기타비용				
	민원/예비비				
	사업권인수비용				
	PM수수료				
	매입세액불공제				
	소계				
	원가합계				
매출이익					
일반관리비	본사관리비				
	사업추진비				
	민원예비비				
영업이익					
영업외 손익	PF1이자				
경상이익					

원룸 건물,
소형 신축사업의 수익구조

수익률이란 '연수익'을 '투입금액'으로 나눈 비율로, 예를 들어서 1년 동안의 월세의 합계인 연 수입금액이 6천만 원인 원룸 건물이 있을 때, 매매되는 금액이 12억 원이라면, (6천만 원÷12억 원)×100＝5% 즉 5% 수익률이 나오는 원룸 건물이다.

그런데, 만약에 이 원룸 건물을 짓는 데에 들어간 돈, 즉 앞에서 설명한 총사업비(토지비+건축비+설계, 감리비 등)가 10억 원이었다면 이 건물을 지은 건축주는 2억 원의 수익이 생기게 된다(12억 원－10억 원＝2억 원).

만약, 이 투입금액 10억 원을 수익률 산정식에 넣게 되면 어떤 결과가 나올까? (6천만 원÷10억 원)×100＝6%, 6%의 수익률이 나온다.

즉, 이 원룸 건물은 처음 원룸 건물을 지었을 때, 투입금액이 10억 원이었다면 수익률이 6%였다는 것이고, 똑같은 건물인데도 수익률 5%를 산정하게 되니 건물 가격이 12억 원이 되었다는 말과 같다.

이 개념은 앞으로 여러분이 상가를 매입하든, 원룸 건물을 매입하든,

개발 사업을 하든, 어떤 종류의 사업을 하더라도 가장 기본이 되는 개념이니 잘 숙지하길 바란다.

다시 한번 간단하게 설명을 하면, 연간 6천만 원이 나오는 원룸 건물을 지었는데 10억 원이 들어갔고, 이것을 수익률 계산을 하면 6%이며, 이 원룸 건물을 팔려고 하니, 어떤 사람이 수익률 5%만 돼도 사겠다고 한 것이다.

그래서 계산을 해보니 (6천만 원÷매매가)×100=5%, 매매가=12억 원이 된 것이다.

군이 수익률 5%만 되어도 사겠다고, 즉 12억 원에 사겠다고 하는데, "아닙니다. 수익률 6%에 사십시오"라고 하겠는가? 그래서 이 건물을 수익률 5%에 팔게 되면 2억 원의 수익이 발생한다. 다른 말로 하면 1%의 수익률의 차이는 돈으로는 2억 원이라는 의미다.

만약, 이 원룸 건물을 수익률 6%에 팔게 된다면 10억 원 들여서 10억 원에 팔게 되는 것이다. 그렇다면 여러분들이 가장 먼저 확인해야 할 것은 바로 이 '사겠다고 하는 사람이 원하는 수익률'이 된다.

여기에서 어떤 사람이 사겠다고 하는 수익률을 '매도기준 수익률'이라 하자. 여기에서 설명한 매도 시 적용이 되는 수익률 '매도기준 수익률'은 정해져 있을까? 아니다. 그런데, 정해져 있는 것은 아니지만 대략적으로 통용되는 수치가 있다.

예를 들면, 서울의 원룸 건물 중 강남에 있는 건물은 매도기준 수익률이 약 2~3%대 정도고, 강남 외 지역에서는 약 3% 중반~4%대 후반이며, 외곽으로 나갈수록, 교통이 안 좋을수록, 또 건물이 오래될수록 이 매도기준 수익률은 올라가게 된다.

상가를 예를 들면, 1층 상가의 경우 매도기준 수익률이 약 3~4% 정도(강남의 경우 2% 이하도 있다), 2~3층의 경우는 매도기준 수익률이 약 5~6% 정도, 4층 이상은 7~8% 정도로 지역에 따라서 통용되는 수치가 있다.

워낙 중요한 개념이라 길게 설명을 했는데, 이제 매도기준 수익률의 개념을 이해했다면, 당신은 원룸 사업에 대한 수익구조를 반 이상을 알게 된 것이다.

예를 들어서 정리하면 다음과 같다.

연간 월세 수입 : 6천만 원

그리고 실제로 투입된 비용을 산출.

토지비 : 4억 원
공사비 : 5억 원
설계비 외 : 1억 원
투입금액 : 10억 원

이 경우에 수익률을 산출해보면
(연간 월세수입÷투입금액)×100
(6천만 원÷10억 원)×100=6%

즉 수익률이 6%가 나오게 되고

인근 원룸 건물 '매매기준수익률'이 만약 5%라면

(6천만 원÷매매가)×100=5%
매매가=6천만 원÷5%
매매가=12억 원

즉 총투입비용 10억 원을 투입했을 때 원가 대비 수익률이 6%이고 이것을 인근 원룸 건물 매매 기준 수익률 5%로 책정을 했을 때는 12억 원이 되므로

매각 수입은

12억 원 - 10억 원 = 2억 원

2억 원의 매각 수입이 발생하므로 약 10개월 만에 2억 원의 돈을 버는 사업이 된다.

그럼 이제 여러분은 두 가지만 확인하면, 어느 지역이든 원룸 건물을 지을 때 얼마가 남을 것인지를 확인할 수 있게 되었다.

먼저, 투입되는 비용(땅값, 건축비, 기타비용)을 확인해서 수익률이 어느 정도 나오는지 확인한 후, 그 동네에서 통용되는 매도기준 수익률과 비교해보면 된다.

그런데, 한 가지 의문이 든다. 수익률을 산정하는 수식에서 계속 따라 다니는 숫자가 바로 연간 수입금액 6천만 원이라는 숫자다.

앞에서 설명한 모든 것은 바로 이 연간 수입금액을 알아야 의미가 있는 것이다. 그렇다면, 이 연간 수입금액은 어떻게 알 수 있을까?

연간 수입금액을 알려면 두 가지만 확인하면 된다. 첫째, 대상부지 인근 보증금과 월세, 둘째, 대상부지에 원룸 건물을 지을 때 원룸을 몇 개 넣을 수 있는가.

이 두 가지인데, 첫째인 보증금과 월세는 쉽게 알 수 있다. 먼저 인터넷으로 '네이버', '직방', '다방', '피터팬의 좋은방 구하기' 등에서 보증금과 월세를 확인할 수 있고, 이렇게 인터넷으로 대략 확인한 후에 직접 부동산 중개사무소 몇 곳을 방문하면 쉽게 알 수 있다.

문제는 둘째인데, 대상부지에 원룸 건물을 지을 때 원룸을 몇 개를 넣을 수 있는가를 확인하려면 가설계를 통해서 확인해야 한다.

다음 장에서 자세하게 설명을 하겠지만, 이 가설계를 완료하기 전에는 절대로 토지 계약서에 도장을 찍으면 안 된다.

사업의 성패는
사업부지, 토지에서
결정된다

토지 가격의 적정성
판단 기준은?

앞서 원룸 건축, 소형 신축사업의 수익구조에 대해서 알아봤는데, 토지 가격의 적정성 판단은 바로 이 수익구조에서 결정된다. 어떤 땅을 사야 하는가, 어떤 땅이 좋은 땅인가, 매입하려는 땅값이 싼 건지 비싼 건지, 이 땅은 사업성이 좋은 땅인지 아닌지를 결정하는 데에 필요한 것은 Part 01에서 설명한 수익률이다. 이에 수반되는 토지에 대한 용도지역, 건폐율, 용적률 등은 Part 04에서 설명하기로 한다.

Part 01에서 투입되는 비용(토지비, 건축비, 기타비용)을 확인해서 수익률이 어느 정도 나오는지 확인한 후, 그 동네에서 통용되는 '매도기준 수익률'과 비교해보면 된다고 했다.

투입되는 비용을 자세히 살펴보면, 건축비와 기타비용(설계비, 감리비, 원인자부담금 등)은 건물을 짓는 지역이 다르다고 해서 크게 차이 나는 항목이 아니다(물론 도심지 공사나 섬지역 공사와 같이 장비, 자재반입 등의 여건에 따라 달라지는 경우도 있다).

토지비는 변동, 건축비는 고정, 설계, 감리비 등은 고정으로 본다. 건축비와 설계, 감리비를 '고정'으로 본다는 것이 모든 프로젝트에서 똑같다는 의미가 아니다. 사업의 성패를 가를 만큼의 영향이 적다는 뜻이다. 즉, 전체 투입금액중에서 가장 크게 사업의 성패를 결정짓는 것은 바로 토지비다.

자료 2-1 사업성 검토단계 중점 관리사항

앞 장에서 예를 든 내용으로 정리해보면, 다음과 같다.

연간 월세 수입 : 6천만 원
그리고 실제로 투입된 비용을 산출.

토지비 : 4억 원
공사비 : 5억 원
설계비 외 : 1억 원
투입금액 : 10억 원

만약 토지비가 4억 원이 아니고 6억 원이라면, 다음과 같다.

연간 월세수입 : 6천만 원

그리고 실제로 투입된 비용을 산출.

토지비 : 6억 원
공사비 : 5억 원
설계비 외 : 1억 원
투입금액 : 12억 원

이 경우에 수익률을 산출해보면
(연간 월세수입÷투입금액)×100
(6천만 원÷**12억 원**)×100=5%

즉 수익률이 **5%가** 나오게 되고

인근 원룸 건물 [매매기준수익률]이 만약 5%라면

(6천만 원÷매매가)×100=5%
매매가=6천만 원÷5%
매매가=12억 원

즉 총투입비용 **12억 원을 투입했을 때** 원가 대비 수익률이 5%이고, 인근 원룸 건물 매매 기준 수익률도 5%이므로 매도가격이 12억 원이 된다.
매각 수입은

12억 원－12억 원=0원

즉, 10개월 동안 고생만 하고 남는 것은 1원도 없다.

그렇다면 앞서 설명한 땅, 토지를 만약에 부동산 중개사무소에서 6억 원에 사라고 하면 어떻게 해야 하겠는가? 땅값 6억 원이라는 금액은 나에게 적정한가? 적정하지 않다면, 그 땅은 가격이 '비싼' 땅이라는 것이다. 그리고 적정한 땅값도 내가 제시할 수 있게 된다. 즉 이 사업을 진행하려고 생각하는 건축주에게 적정한 땅값은 4억 원인 것이다.

이렇듯이 어떤 땅을 사야 하는지, 어떤 땅이 좋은 땅인지, 매입하려는 땅값이 싼지 비싼지, 이 땅은 사업성이 좋은 땅인지 아닌지를 결정하는 데에 필요한 것은 바로 수익률이다.

토지와 관련된 서류들과
확인해야 하는 사항들

원룸 건물을 신축하려면 가장 먼저 대상부지 즉 토지를 매입해야 하는데, 토지와 관련된 기본적인 서류들을 확인해야 한다. 토지와 관련된 기본적인 서류들과 그 서류들이 '무엇을' 알려주고자 하는 것인지 알아보도록 한다.

여러 가지 종류의 서류가 있지만 딱 4개만 확인하도록 하자.

첫째는 등기사항전부증명서(이하 등기부등본이라 함)다. 등기부등본은 모든 부동산에서 가장 기본이 되는 서류로 주소와 소유자, 담보 등 권리 관계를 알려준다.

많은 사람들이 이 등기부등본을 어렵게 생각하는데, 알고 보면 굉장히 간단한 서류다. 등기부등본에 쓰는 용어가 '표제부', '갑구', '을구'라는 용어를 쓰고 있어서 어렵게들 생각하는데, 그냥 간단하게 '어디에 있는지, 주소(표제부)', '누구 건지, 소유자(갑구)', '담보나 권리관계는

뭐가 있는지(을구)' 알려주는 서류라고 생각하면 접근하기 쉽다.

발급은 주민센터, 구청, 시청이며 인터넷으로 대법원인터넷등기소(www.iros.go.kr)에서 발급받아도 된다.

둘째는 토지이용계획확인원이다. 토지이용계획확인원이 알려주는 것은 용도지역과 다른 법령 등으로 제한이 되는 사항들이다.

우리나라의 모든 땅들은 각각의 필지마다 그 용도가 지정되어 있는데, 여러분들이 익히 알고 있는 '제1종일반주거지역'이니 '개발제한구역'이니 하는 것들이 이 토지이용계획확인원에 적혀 있으니 반드시 확인해야 하는 서류다. 용도지역에 대해서는 이 책 Part 04에 자세하게 설명하겠다. 발급은 주민센터, 구청, 시청이며 인터넷으로 민원24(www.gov.kr)에서 발급받아도 된다.

셋째 서류는 토지대장(임야대장)이다.

토지대장이 알려주는 것은 토지의 물리적 사항, 즉 소재지, 지번, 지목, 면적, 개별공시지가 등인데, 이 내용 중 개별공시지가를 빼면 등기부등본에도 나오는 사항이다. 그런데 굳이 왜 두 서류를 나눠 놓았을까? 쉽게 이해를 하려면, 소유권에 대한 내용은 등기부등본이 맞다고 보면 되고, 면적이나 지목 등은 토지대장이 맞다고 생각하면 된다. 즉 집중 관리하기 위해서 토지대장이 있는 것이라고 보면 된다.

그리고 임야대장이라는 것이 별도로 있는데, 주소 중에서 '○○면 ○○리 산**번지'라는 주소를 본 적이 있을 것이다. 이렇게 산**번지라고 쓰인 토지는 임야대장에 등재가 되어 있는 임야인데, 토지대장을 발급

받으려고 하면 나오지 않는다. 임야대장은 소축척으로 작성이 되어 있고, 토지대장은 대축척(더 자세하게)으로 작성이 되어 있다. 임야가 개발행위 등을 통해서 '대지', '공장용지', '창고용지' 등으로 지목이 바뀌게 되면 임야대장에서 토지대장으로 이동하게 된다. 발급은 주민센터, 구청, 시청이며 인터넷으로 민원24(www.gov.kr)에서 발급받아도 된다.

넷째 서류는 지적도(임야는 임야도)다. 지적도가 알려주는 사항은 토지의 형상, 도로와 접한 상태, 인접필지와 관계 등인데, 토지이용계획확인원에도 지적도는 표시되어 있다. 발급은 주민센터, 구청, 시청이며 인터넷으로 민원24(www.gov.kr)에서 발급받아도 된다.

토지 계약 전 반드시
'이것'을 확인해야 한다

Part 01에서 원룸 건물, 소형 신축사업의 수익구조를 설명할 때에 수익률을 산정하는 수식에서 계속 따라다니는 숫자, 즉 연간 수입금액 6천만 원을 기억하실 것이다.

Part 01의 원룸 건물, 소형 신축사업의 수익구조를 설명한 모든 것은 바로 이 연간 수입금액을 알아야 의미가 있다고 이야기했는데, 연간 수입금액을 알려면 두 가지만 확인하면 된다고 했다. '첫 번째, 대상부지 인근 보증금과 월세'와 '두 번째, 대상부지에 원룸 건물을 지을 때 원룸을 몇 개 넣을 수 있는가?'다.

이 두 가지 중에 첫 번째인 보증금과 월세는 인터넷 검색과 직접 부동산 중개사무소 몇 곳을 방문하면 쉽게 알 수 있다고 했다.

이제 두 번째인 대상부지에 원룸 건물을 지을 때 원룸을 몇 개를 넣을 수 있는가를 확인하는 방법을 알아보도록 하자.

지금부터 설명하는 '원룸 건물을 지을 때 원룸을 몇 개를 넣을 수 있는가'를 확인하게 되면 최종 검토 작업인, Part 03에서 설명할 '사업성 검토'를 진행할 수 있고, 대상부지를 매입을 할지 말지, 또 매입을 한다면 얼마에 매입을 해야 하는지까지 알 수 있게 된다.

이 모든 것은 바로 가설계를 통해서 확인할 수 있다. 간혹 토지를 매입할 때 부동산 중개사무소 공인중개사의 말만 믿고 덜컥 계약서에 도장을 찍거나 계약금을 송금해버리는 경우가 있다. 결론만 말하면, 가설계를 완료하기 전에는 절대로 토지 계약서에 도장을 찍으면 안 된다.

공인중개사가 '이 물건 다른 사람이 계약할 것 같다'고 은근히 독촉을 해도 '다른 사람이 먼저 계약을 하면 내 것이 아닌가 보다'라고 생각하고 그 말에 넘어가면 안 된다. 어떤 부동산 중개사무소든, 어떤 부동산 공인중개사든 똑같은 말을 하고, 또 똑같은 말을 듣는 것이 부동산 거래다.

가설계란 본격적으로 설계를 들어가기 전에 대략적으로 건축물을 규모, 면적, 높이, 주차, 출입, 배치, 내 외부 동선 등을 스케치해보는 것을 말하는데, 정식용어는 아니다.

예를 들어서 같은 100평의 땅이라 해도 땅의 모양새나 도로의 위치, 지역지구, 고저 차등에 따라서 건물의 규모나 층수, 주차장의 배치, 방 개수 등이 완전히 달라지기 때문이다.

즉, 길 건너에 10층짜리 건물이 있더라도 내가 계약하려고 하는 땅에는 3층도 못 지을 수도 있다는 이야기다.

특히 중요한 것이 법규의 적용인데, 우리나라의 경우에 각 지자체마다 건축법규보다 더 강화된 건축에 대한 지자체 조례를 정해서 시행하고 있다.

이 책의 Part 04에 '원룸 건물 신축 시 필요한 건축 관련 법규 기본지식'이 자세하게 설명돼 있고, 그 내용을 적용한다면 어렵지 않게 개략적으로 건축물을 규모, 면적, 높이, 주차, 출입, 배치, 내외부 동선 등을 확인할 수 있다. 그렇지만, 토지 계약을 목전에 둔 상황이라면 반드시 부지 인근의 건축설계사무소에 돈을 지급하더라도 가설계를 의뢰하라. 하루나 이틀 정도면 가설계가 나온다.

필자도 건축과를 졸업하고 20여 년 이상 건축일을 하며 전원주택, 단독주택의 직영공사부터 초고층 건축물의 설계, 시공관리까지 한 경력을 가지고 있지만, 내가 직접 소규모 시행사업, 신축사업을 할 때 절대로 본인이 직접 검토하지 않는다.

왜냐하면, 우리나라는 지자체마다 건축, 도시계획 조례를 제정해 놓았으며, 지지체 조례로 제정해 놓은 대부분의 건축, 도시계획 조례는 '건축법'의 규제내용보다 더 강하게 규제를 해 놓았기 때문이다.

가설계에서 중점적으로 확인해야 하는 사항은 첫 번째, 그 부지에는 어떤 종류(다가구주택, 다중주택, 도시형 생활주택, 생활형 숙박시설 등)의 건물이 가능한지, 두 번째, 방의 개수가 몇 개나 들어갈 수 있는지, 즉 건물의 종류별로 최대로 들어갈 수 있는 방 수는 몇 개인지 등 두 가지다. 나머지 사항들은 나중에 토지를 매입하고 나서 본 설계를 진행할 때에 검토하고 반영을 하면 된다. 이 내용은 Part 05에 자세하게 설명돼 있으니 참고 바란다.

가설계 시 그림과 같은 건축개요를 반드시 작성해서 확인해야 하며, 그 외의 평면도, 단면도도 같이 확인을 하도록 한다.

자료 2-2 가설계, 건축 개요

01. 건축물 개요

■ 건축개요

사업명			번지 다가구주택 신축공사		비고
대지위치			필지		
대지면적	지 번(복)	공부상면적	실사용면적	잔여면적	m2
	138-2,대	593.00	139.00	454.00	
	138-3	393.00	223.00	170.00	
	138-7	103.00	103.00	–	
	138-10	500.00	3.00	497.00	
	138-11	91.00	61.00	30.00	
	계	1,680.00	529.00	1,151.00	
지역지구			제2종일반주거지역		
구 조			철근콘크리트구조		
주 용 도			단독주택(다가구)		
도로현황			4m도로		
규 모			지상4층		
건축물높이			13.70m		
정 화 조			시오수관에 연결		
주차대수		법정		계획	
			19대	19대	

■ 층별개요

구 분	면 적	비 고
지상1층	14.56m²	계단실
지상2층	180.48m²	다가구주택(7가구)
지상3층	180.48m²	다가구주택(7가구)
지상4층	140.36m²	다가구주택(5가구)
옥탑	14.56m²	면적제외
합 계	515.88m²	

■ 추진일정

2017년 9월 – 경관심의
2017년 9월 – 허가접수
2017년 10월 – 착공접수
2018년 4월 – 사용승인접수

■ 설계개요

구 분		면 적	비 고
연면적	지하층	0.00m²	
	지상층	515.88m²	
	합 계	515.88m²	
건축면적		180.48 + 1.40(수평투영면적) = 181.88m²	
용적률 산정용면적		515.88m²	
건 폐 율		181.88 / 529.00 X 100 = 34.38%	법정:40%이하
용 적 률		515.88 / 529.00 X 100 = 97.52%	법정:100%이하

3

자료 2-3 가설계의 배치도, 평면도, 단면도

배치도

1층 평면도

2층 평면도

횡단면도
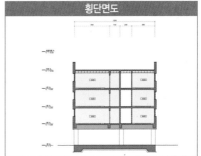

토지 계약서에 반드시 써넣어야 하는 사항 3가지

일반적인 부동산 매매계약서(아파트 등)는 살면서 가끔 써 볼 기회가 생기지만, 토지 매매계약서는 흔하게 쓸 수 있는 것은 아니다. 그런데, 아파트와 같은 일반적인 부동산의 매매계약서와는 다르게, 원룸 건물 신축을 위한 부동산(대지 또는 구옥이 있는 주택이나 다가구주택 등)을 매매할 때 반드시 써넣어야 하는 사항 3가지가 있다. 이번 장에서는 이 3가지에 대해서 알아보자.

첫 번째는 명도에 대한 책임소재다. 명도란 토지, 건물 또는 선박을 점유하고 있는 자가 그 점유를 타인의 지배하에 옮기는 것. 법문상으로는 인도로 규정하고 있으며 명도라는 말은 사용하지 않는다(출처 : 매일경제).

쉽게 말하자면, 명도는 현재 부동산을 점유하고 있는 사람을 내보내는 것인데, 만약에 이 명도를 누가 할지를 정해놓지 않고 계약을 하게 된다면 난감한 상황에 봉착할 수 있다. 매도인과 토지 매매 계약을 체

결하고 잔금까지 다 주었는데, 철거하
려고 해당 부동산을 찾아가니, 임차인
이 "얘기 들은 적도 없다"든가, "석 달
뒤에 이사를 나가겠다"라고 하면, 어디
가서 하소연도 못하고 하지 않아도 되
는 협상을 해야 한다.

또, 나대지일 경우, 누군가가 농작물
을 기르고 있다면, 강제로 집행하지도
못하고 꼼짝없이 기다려야 하는 경우도

생길 수 있다. 아니면 농작물을 고가로 매입하게 될 수도 있다. 법정지
상권관련 판례에서도 과수는 인정하지 않아도 농작물은 경작자의 소유
로 인정하고 있다.

이와 같은 판례가 있어서 농작물이 있다면 땅 주인이라 하더라도 함
부로 치울 수가 없는데, 이러한 사고를 미연에 방지하기 위해서 토지매
매계약서를 작성할 때에는 반드시 기존 점유자에 대한 명도는 매도인
측에서 잔금일 전까지 완료한다. '완료하지 못할 경우, 계약사항 이행
을 하지 못한 것으로 보아 계약금에 해당하는 위약금을 지불한다'는 등
의 명도 책임에 대해서 확실히 해야 한다.

두 번째는 폐기물에 대한 내용이다. 폐기물에 대해서 쉽게 이해하려
면 미군기지 반환을 떠올려 보면 이해가 쉽다. 용산에 있는 미군기지를
수십 년간 미군들이 사용하다가 우리나라에 반환하기로 결정했다. 반
환 결정 후 확인해보니 군사기지로 사용하는 동안에 토지가 많이 오염

이 됐다. 그런데 땅을 미군기지로 사용 결정 당시에는 이러한 내용, 즉 반환할 때에 오염물이나 폐기물을 누가 처리할지 명확하게 기술을 하지 않았다. 그러다 보니 반환할 때가 되어서야 '네가 해야 한다', '아니다. 네가 해야 한다'라는 다툼이 생기게 된 것이다.

이와 유사한 사례로, 국내에서 제일 큰 건축자재 회사가 수원에 있는 슬레이트공장을 매각, 또는 임대를 하려고 계획했는데, 막상 매각이나 임대를 하려고 하다 보니 수십 년 동안 슬레이트를 생산하면서 나온 폐기물이 땅속에 엄청나게 묻혀 있는 것이었다.

폐기물 처리비용이 수십억 원이 나오게 된 것이다. 만약, 매수하는 기업에서 이 사항에 대해 대수롭지 않게 생각을 하고 계약을 진행했다면 수십억 원의 폐기물 처리비용을 떠안게 되었을 것이다.

우리가 원룸 건물이나 소형 신축건축 사업을 진행할 때 매입하는 토지는 구옥이 있는 주택용지일 수도 있고, 수십 년간 공장으로 사용하던 땅일 수도 있고, 누군가 몰래 폐기물을 묻은 나대지일 수도 있다.

원룸 건물이나 소형 신축건축 사업을 위한 토지매매계약, 부동산 매매계약을 할 때는 그럴 것 같지 않더라도(폐기물이 없을 것 같더라도) 반드시 이 '폐기물의 처리를 매도인 측에서 잔금일 전까지 완료한다'라는 문구를 써넣도록 하자.

세 번째는 지장물에 대한 사항이다. 지장물이란 지상지장물과 지하지장물로 나눌 수가 있는데, 기본적으로 대부분의 지장물들은 국가에서 만들어 놓은 것들이다.

예를 들면, 상하수관, 전기 공동구, 가스관, 오수관 등이 그것인데, 요즘에는 통신사 등 기업에서 부설한 통신선(인터넷선)도 여기에 포함된다.

이렇게 국가나 기업에서 공공의 목적으로 설치해놓은 지장물들은 필요하다면 각각의 유관관청과 협의를 해서 진행할 수 있는데, 문제는 개인이 매설을 해놓은 지장물들이다.

근래에 조성이 된 택지의 경우는 상하수관, 전기 공동구, 가스관, 오수관 등을 해당 택지를 관할하는 기관, 즉 LH공사나 도시공사 등에서 전담부서를 두어 관리하고 있으나, 오래된 택지의 경우에는 그림과 같이 남의 땅으로 들어가는 수도관이나 가스, 전기공동구 등이 내 땅을 가로질러가는 경우도 있고, 쓰지 않는 배관 등이 묻혀 있는 경우도 있다.

자료 2-4 인접대지를 관통하는 상수도관

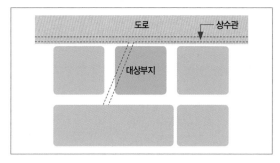

아파트에만 오래 거주했다면 이해가 잘 안 될 수도 있지만, 농촌지역이나 오래된 주택 등에서 살아 본 경험이 있다면 이해가 빠를 수도 있을 것이다.

이와 같은 지하에 매립된 지장물의 경우에는 땅을 파 보기 전에는 확인할 수가 없으나 계약서에 명기를 해놓게 되면 추후에 인접대지의 소유자들과 협의를 할 때 매도인의 도움을 받을 수 있다. 특히 매도인이 지역에서 장기간 거주를 한 사람이라면 더욱 그렇다.

원룸 건물은
얼마가 있어야
새로 지을 수 있나?

원룸 건물은 얼마가 있어야
지을 수 있을까?

대부분의 사람들은 원룸 건물의 가격이 적게는 7~8억 원에서 많게는 수십억 원이기 때문에 나와는 먼 이야기라고 생각을 하는데, 사실 알고 보면 독자 여러분들이 생각하는 만큼 많은 돈이 들어가는 것이 아니다.

대략 얼마가 들어가는지 확인을 해보자. Part 02에서 투입비용에는 토지비, 설계감리 등, 건축비용의 3가지가 들어간다고 했는데, 이 투입 비용 중 지역에 따라서 편차가 크지 않은 건축비를 먼저 산출해보도록 하자.

처음 원룸 건물을 시작하는 분들에게 가장 적합한 규모는 다음과 같다(서울 기준).

> • 건물용도 : 다가구주택 또는 다중주택
> • 층수 : 주거용 3개 층
> • 세대수 : 12세대 내외
> • 연면적 : 약 100평(서비스면적 포함, 서비스 면적 제외 시 약 80평)

이 정도 규모의 건물을 지으려면 돈이 얼마가 들어갈까? 근래 짓는 다가구주택이나 다중주택의 경우에는 대략 평당 건축비가 550만 원 ~600만 원 정도 소요된다.

원래 정통 건축기술자들은 '평당 얼마'라는 식으로 공사비를 이야기하지 않는다. 하지만 일반인들과 집장사들이 '평당 얼마'라는 식으로 이야기하는 것이 일반화되어 있기 때문에 필자도 이 방법으로 설명하려 한다.

정확한 건축비를 산정하려면 설계도면을 보고 각각의 수량을 산출하고 단가를 확인해서 수량과 단가를 곱해서 각각의 금액을 산정하고 그것들을 모두 더하고 거기에 간접비라 불리는 산재보험료, 안전관리비, 현장관리비 등을 산출해서 더해서 산정한다.

자료 3-1 건축비 내역서 예시

공사명 :00000 도시형생활주택 신축공사												
품 명	규 격	단위	수량	재료비 단가	재료비 금액	노무비 단가	노무비 금액	경비 단가	경비 금액	합계 단가	합계 금액	비고
0108 미 장 공 사												
오 래	지연사,도착도	M3	85	32,000	2,720,000					32,000	2,720,000	
시 멘 트	포		940	5,000	4,700,000					5,000	4,700,000	
모르타르바름	바닥20mm	M2	277			4,700	1,301,900			4,700	1,301,900	
모르타르바름	바닥24mm	M2	447			4,200	1,877,400			4,200	1,877,400	
모르타르바름	내,외벽18mm	M2	1,612	3,000	4,836,000	12,000	19,344,000			15,000	24,180,000	
콘크리트 면잡다		M2	80	1,500	120,000	4,000	320,000			5,500	440,000	
기계미나서		M2	729			4,700	3,426,300			4,700	3,426,300	
외흙손마감		M2	1,303			3,500	4,875,500			3,500	4,875,500	
문틀,차틀사춤	우레탄	M	350	1,000	350,000	1,500	525,000			2,500	875,000	
코너비드	㎜,4m	본	75	2,600	195,000	3,500	262,500			6,100	457,500	
가포타설		식	1			2,000,000	2,000,000			2,000,000	2,000,000	
칼라콘크리트		식	1.00	1,500,000	1,500,000	2,500,000	2,500,000			4,000,000	4,000,000	
드라이비트	외벽	M2	533.00	23,150	12,338,950	35,000	18,655,000			58,150	30,993,950	
[합 계]					26,759,950		56,087,600				81,847,550	

하지만 건축전공자도 아닌 건축주가 이처럼 자세하게 공사비를 산정할 수는 없을 것이다. 그래서 통상 평당 얼마 하는 식으로 계산하기도 하는데 아주 틀린 방법은 아니다. 더 많은 유사한 동종 건물의 공사비를 데이터로 축적해서 이용하기는 하지만 대형건설회사에서도 도면이 없는 상태에서 땅만 있을 때 그와 유사한 방식으로 추정한다.

아래 금액은 집장사들이 작업자들과 공정별로 계약하는 금액이다. 지역이나 건물마다 차이는 있다.

- **골조공사** : 인건비 평당 70만 원~75만 원, 자재비는 평당 70만 원~75만 원
- **미장공사** : 인건비 평당 15만 원~20만 원, 자재비 평당 5만 원~10만 원(레미탈, 모래 등)
- **설비공사** : 인건비 평당 15만 원~20만 원(배관자재 포함), 세면대 등 화장실 약 50만 원, 보일러 대당 45만 원(설치비 포함)
- **전기공사** : 인건비 평당 15만 원~20만 원(배관 포함)
- **타일공사** : 인건비 평당 5만 원, 자재비 평당 7만 원~15만 원
- **내장공사** : 인건비 평당 15만 원~20만 원, 자재비 평당 5만 원(몰딩, 화장실 문 등)
- **외장공사** : 인건비 평당 20만 원, 자재비 평당 15~25만 원(벽돌, 석재)
- **창호공사** : 평당 20만 원~25만 원
- **엘리베이터** : 대당 4천만 원
- **금속공사** : 평당 5만 원~15만 원
- **직영공사** : 평당 5만 원~10만 원
- **잡자재** : 평당 10만 원~15만 원(시멘트, 몰탈, 방수재 등)

출처:《맘고생 않는 집짓기 사용설명서》, 조장현 저

직영으로 공사를 했을 때는 이 정도 금액이고 건설회사에 공사를 의뢰하게 되면 산재보험료, 건강보험료, 지급수수료 등의 항목으로 구성되는 간접비라는 항목이 붙는다. 이 간접비 금액을 붙이면 산출한 공사금액, 즉 직접공사비의 10~15% 정도가 추가로 발생한다. 그리고 건설사의 이윤을 더해서 전체 공사비가 산정이 된다.

일단은 이해하기 쉽게 평당 공사비로 계산을 해보면 약 100평 정도 되는 원룸 건물을 지을 때의 건축비용은 '100평×550만 원=5억 5천

만 원'이다.

다음은 설계, 감리 등의 비용과 각종 원인자부담금, 대출이자, 공과금, 수수료 등이다. 이 금액은 넉넉하게 1억 원으로 산정한다.

이 금액은 절대적인 자료가 아닌 참고용이며, 특히 '건축사법' 등의 대가 기준과는 차이가 있는 금액이다.

이제 남은 것은 토지비인데, 여기에서는 토지면적 40평, 평당가 1천6백만 원, 약 6억 4천만 원이라고 가정해보자.

총사업비는 토지비 6억 4천만 원, 건축비용 5억 5천만 원, 설계 및 감리 등 1억 원, 합계 12억 9천만 원이다. 총사업비가 12억 9천만 원인데 이 중 얼마의 돈을 가지고 있으면 원룸 건축, 소형 신축사업이 가능할까?

토지비는 통상 60%의 대출이 나온다. 토지비 6억 4천만 원의 40%가 자기 비용으로 들어가니 2억 6천만 원이 필요하다. 건축비용은 통상 70%의 공사비 대출이 나온다. 공사비 6억 6천만 원의 30%가 1억 6천 5백만 원. 설계, 감리비 등 약 1억 원. 이 비용은 대출이 없다.

자기자본을 계산해보면, 2억 6천만 원+1억 6천 5백만 원+1억 원 =5억 2천만 원. 즉 12억 9천 만 원의 건물을 지으려면 자기자본 5억 2천만 원이 있으면 가능하다.

이 중 공사비 대출금액은 준공 후에 임차인으로부터 보증금이나 전세금을 받게 되면 최우선적으로 변제하는 것이 일반적이다.

만약 당신이 서울 아파트 1채를 가지고 있다면?

(내가 가진 돈으로 어떤 원룸 건물을 지을 수 있을까? 확인하는 방법)

서울의 집값은 적게는 7~8억 원, 많게는 20억 원이 넘는다. 계산의 편리성을 위해서 아파트값은 10억 원, 10억 원 중에 약 30%, 약 3억 원 정도의 대출이 있다고 가정을 하면 순자산은 7억 원 정도가 된다. 이 중 2억 원은 비상금으로 생각하고 5억 원으로 원룸 건물을 짓기로 한다면, 어떤 원룸 건물을 지을 수 있을까?

먼저, 건축비는 평당 550만 원으로 상정하고, 땅값은 평당 1천 8백만 원으로 상정한다. 앞에서 추산한 것처럼 건축비의 70%, 토지비의 60%가 대출이 가능하니, 반대로 건축비의 30%, 토지비의 40%의 자금이 필요하다.

이제 역산을 해보자. 먼저 필요한 땅 크기를 알아보자. 땅 크기를 계산하려면 먼저 건축면적*, 즉 가장 넓은 층은 바닥면적을 알아야 한다.

건축면적

건축물의 외벽(外壁) 또는 기둥의 중심선으로 둘러싸인 부분의 수평투영면적(水平投影面積)을 말하는데, 보통은 1층의 바닥면적이 해당된다(출처 : 두산백과).

층마다 방이 3개 있는 지하 1층, 지상 3층의 다중주택을 계산해보면, 대략적으로 원룸 1개의 면적이 약 5평이니, 건축면적은 3개×5평=15평이고 계단 등의 공용면적을 3평으로 가정하면 총 필요한 건축면적은 15평+3평=18평이 된다.

건물면적이 18평이면 필요한 대지면적은 얼마일까? 서울에서 주거용 부지의 건폐율(대지면적에 대한 건축면적의 비율, 〈자료 4-9〉 참조)은 60%이니, 필요한 건축면적 18평을 60%로 나누면 된다. 18평÷60%=30평. 즉 약 30평 정도의 땅을 찾으면 되겠다. 그런데 이 경우, 땅 모양이 사각형 모양의 땅이어야 하니 땅의 형태에 맞춰서 면적의 가감을 해야 한다.

이제 필요한 땅의 면적을 알게 됐으니 부동산 중개사무소 등을 통해서 나와 있는 땅을 찾아보면 되겠다. 서울의 땅값은 지역에 따라서 차이가 크지만, 우선 평당 1천 8백만 원 정도의 땅을 찾아보자.

그러면 땅값은 30평×1,800만 원=5억 4천만 원이고, 대출을 60% 받으면, 필요한 돈은 약 2억 2천만 원이다.

이제 땅을 구했으니, 건축비를 알아보자. 건축면적, 즉 가장 넓은 층의 바닥면적이 18평이고 지하 1층~지상 3층의 4개 층이 있으니, 18평×4개 층=72평이 나온다. 그런데, 이 면적은 서비스면적을 뺀 면적이니 실제 건축하는 면적은 서비스면적까지 합한 면적이 되겠다. 약 10평을 더해서 82평으로 계산을 해보면 550만 원×82평=약 4억 5천만 원이고 대출을 70% 받으면, 필요한 돈은 1억 3천 5백만 원이다. 여기에 설계비, 감리비 등을 1억 원이라고 상정을 하게 되면 실제로 필요한 금액은 토지비의 40% 2억 2천만 원, 건축비의 30% 1억 3천 5백만 원,

설계, 감리비 등 1억 원을 모두 더해 총 4억 5천 5백만 원이다.

처음에 5억 원을 가지고 원룸 건물 신축을 시작하기로 했고, 5억 원에서 4억 5천 5백만 원을 뺀 약 4천 5백만 원을 세금, 예비비 등으로 사용하게 된다.

이렇게, 만약 여러분이 서울에 집 한 채를 가지고 있거나 여유자금이 약 5억 원 정도 있다면 방이 12개가 있는 지하 1층, 지상 3층의 다중주택을 지을 수 있다.

그리고 꼭대기층에 주인세대를 넣거나 아니면 7억 원에서 남은 2억 원으로 거주할 집을 따로 마련하게 되면 당신은 조그마한 원룸 건물에서 나오는 월세로 남은 여생을 편히 지낼 수 있게 된다.

공사비 대출의 메커니즘

처음 원룸 건물의 공사를 시작하는 분들이 생소하게 생각하는 것이 바로 공사비 대출이다. 이 공사비 대출에 대해서 알아보도록 하자.

공사비 대출은 위에서 공사금액의 70%가 대출이 된다고 했는데, 통상의 부동산 담보대출과는 다르게 진행된다.

공사비 대출은 신협이나 농협, 산림조합 등의 금융권에서 취급하는데, 우선 공사비 대출을 받으려면 각 금융권에서 요청하는 자료를 준비해야 한다.

금융권마다 약간씩 차이는 있지만, 기본적으로 요청하는 것은 시공사와의 공사계약서인 '공사도급계약서'와 '건축허가서', 그리고 향후 그 원룸 건물로 벌 수 있는 돈이 얼마인지를 계산한 '사업수지계산서' 그리고 '설계도면'과 대출금을 제외한 30%에 해당하는 돈(자기자본)이 입금되어 있는 '통장사본'을 제출하면 2~3일 정도의 심사를 거쳐 대출이 승인된다.

그런데, 일반 대출과 다른 점은 대출이 승인이 됐다고 대출이 승인된 돈을 바로 대출한 사람에게 주지 않는다는 것이다.

금융권 입장에서 생각해보면, 공사비에 대한 조건으로 대출을 해 준 것이기 때문에 공사가 진행되지도 않았는데 돈을 준다는 것은 앞뒤가 맞지 않는다.

공사비 대출은 이런 식으로 집행이 된다. 예를 들어서 공사도급계약이 5억 원으로 된 사업이라면, 총공사비 5억 원, 은행 대출 3억 5천만 원, 자기자본 1억 5천만 원이고, 건축주 즉 여러분은 공사가 진행되는 진척도, 즉 기성에 따라서 시공사에게 기성금(공사비)를 지급하게 된다. 첫 번째 지급하는 기성금(공사비)이 예를 들어서 전체 공사비의 20%라면 1억 원이 된다. 총공사비 5억 원, 금회 기성금(금회 공사비) 1억 원. 이 금회 기성금 1억 원 중 70%인 7천만 원을 은행에서 바로 시공사의 통장계좌로 이체하고, 남은 3천만 원은 건축주가 시공사의 통장계좌로 이체를 한다. 그리고 시공사에게 입금된 기성금 1억 원을 확인한다.

다시 말해, 공사비 대출이 승인이 되는 때에, 대출금은 3억 5천만 원이 나오지만, 공사가 진행되는 진척도에 맞춰서 은행에서 시공사로 직접 이체가 되며, 대출이자 또한 대출승인이 난 시점부터 발생하는 것이 아니고 이체가 되는 금액(1회 기성금 중 70%인 7천만 원)이 시공사로 입금이 된 날부터 1회 기성금 중 70%인 7천만 원에 대한 이자가 기산되는 것이다.

그래서 공사비 대출을 만약 3억 5천만 원을 받았는데, 기성을 5번에 나눠서 집행했다면, 대출이자는 5번에 걸쳐서 이체된 금액과 날짜에 따라서 달리 청구가 된다.

그리고 통상적으로 이 공사비 대출은 공사가 끝난 후 약 1년 내에 상환하게 되는데, 경우에 따라 3년을 유예해 주기도 하지만, 대부분 건물 준공 후 월세, 전세 등으로 생기는 보증금과 전세금으로 먼저 이 공사비 대출금부터 갚거나 전체 건물에 대한 부동산 담보대출로 바꾸면서 공사비 대출을 갚게 된다. 왜냐하면 대부분 금융권에서 이 공사비 대출의 금리를 일반 부동산 담보대출의 금리보다 높게 약 6% 정도로 진행하기 때문이다.

원룸 건물 신축 시 필요한 건축 관련 법규 기본지식

건축을 하기 위해 토지를 매입할 때 원룸 건물, 신축사업에 적용되는 건축 관련 법규에 대해 많은 사람이 굉장히 심오한 뭔가가 있을 것이라 생각하지만, 알고 보면 건축주가 알아야 할 것은 몇 개 되지 않는다.

어렵게 느껴지는 이유는 바로 예외규정들 때문인데, 사실 우리가 하려는 원룸 건물 건축에는 이 예외규정들이 적용될 여지가 많지 않기 때문에 기본만 충실히 알면 된다.

이 책에 기술되어 있는 몇 가지만 머릿속에 넣고, 이후에 그에 파생되는 지식들(예외사항)을 덧붙여 나간다면 어렵지 않게 이해될 것이다.

도로와의 관계

많은 사람이 도로를 굉장히 어렵게 생각하는데, 기본적으로 알아야할 것들을 먼저 알아보고, 추가로 알아두면 유용한 사항들은 뒤쪽에 기술하도록 한다.

도로가 어렵다고 생각되는 이유는 예외사항들 때문인데, 정작 예외사항들 때문에 기본적인 사항을 놓치는 경우가 많다.

다시 말하지만, 예외사항이나 특이한 사항들은 도심지에서 건축하려고 생각하는 우리에게는 별 필요 없는 지식이 대부분이니 '그런 것이 있었지' 정도만 알면 되겠다.

기본에 충실하도록 하자. 먼저 기본적으로 알아야 할 사항들이다. 만약 여러분이 도로에 대해 공부하는 것이 귀찮다면 숫자 두 개만 외우도록 한다. 2m, 4m.

만약 여러분이 건축하기 위해서 땅을 사고 공사를 시작했다고 가정해보자. 공사를 시작하고 여러분의 땅으로 건축 자재들을 싣고 왔다. 그러면 일단 여러분의 땅이 도로와 접해 있어야 자재를 내릴 수 있을 것이다.

첫 번째로 가장 중요한 것은 건축하려면 땅이 도로에 인접해 있어야 한다. 도로에 붙어 있지 않은 땅(접하지 않은 땅(맹지))에는 건축허가가 나지 않는다.

자료 4-1 도로에 접한 길이

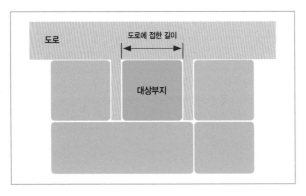

그럼 땅이 어느 정도 도로에 붙어 있어야 할까? 30cm? 50cm? 이 정도 붙어 있어서는 아무것도 하지 못한다. 10m?, 20m? 이렇게 넓은 땅에만 건물을 지을 수 있다면 작은 땅에서는 아무 건축행위도 할 수가 없게 된다. 도로에 접한 길이는 2m 이상만 되면 된다. 그리고 앞에 있는 도로는 4m 이상이어야 한다.

건축법 44조

건축물의 대지는 2m 이상 도로와 접해야 한다. 다만 아래는 예외이다.

1. 해당 건축물의 출입에 지장이 없다고 인정되는 경우
2. 건축물의 주변에 대통령령으로 정하는 공원, 유원지 등 공중의 통행에 지장이 없는 공지가 있는 경우
3. 농지법에 따른 농막을 건축하는 경우

건축법 46조

도로와 접한 부분에 건축물을 건축할 수 있는 선(건축선)은 대지와 도로의 경계선으로 한다. 단, 제 2조 1항 제 11호에 따른 소요 너비(4m)에 못 미치는 너비의 도로인 경우 그 중심선으로부터 그 소요 너비의 1/2 만큼 물러난 선을 건축선이라 한다.

출처 : 법제처

만약 앞에 있는 도로가 4m가 안 된다면 어떻게 될까? 예를 들어서 아래 그림처럼 3m 도로에 접해 있다면 4m에서 1m가 모자란다. 모자란 1m의 절반, 즉 0.5m만큼 물러나서 건물을 지으라는 뜻이다. 즉, 아래의 그림처럼 도로의 중심선에서 2m를 띄어서 건축을 하면 된다.

왜냐하면 나중에 도로를 넓힐 경우를 대비해서 미리 4m를 미리 확보하는 것인데, 내 땅에서 1/2인 0.5m, 반대편 대지에서 1/2인 0.5m를 뒤로 밀면, 3m(원래 도로폭)+0.5m(내 땅)+0.5m(반대편 땅)=4m가 되기 때문이다.

자료 4-2 도로의 확보

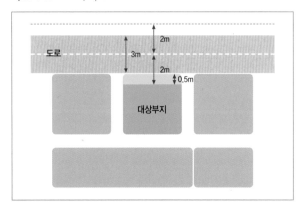

　4m가 안 되는 좁은 도로에 접한 땅을 사게 되면 붉은색 점선으로 표시된 부분을 건축할 때 도로로 내어 줘야 하고 도로로 내어 주는 면적만큼 손해를 보게 되는 것이다.

　그러니 앞장에 이야기한 것과 같이 토지 매매계약을 할 때 반드시 가설계를 해봐야 하고, 가설계를 해서 이런 식으로 도로를 확보하면서 실제로 사용하는 면적이 줄어든다면 토지 가격을 적극적으로 조정해야 한다.

자료 4-3 가설계, 도로로 인한 대지면적 축소 확인

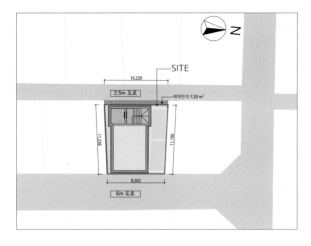

만약 지으려는 건물이 연면적이 2,000㎡(약 606평) 이상의 큰 건물을 지으려면 폭이 6m인 도로에 4m를 접해야 한다.

그리고 비도시지역인 '면'지역은 건축법 44~46조가 적용되지 않는다. 즉, 4m 도로를 확보하지 않아도 된다. 단, 용도지역이 '비도시'이면서 주소가 '면'지역이어야 한다.

보라. 예외사항은 여러분과 별로 관련이 없지 않은가? 연면적 606평을 짓거나 '면'지역에 원룸 건물을 지을 일은 그리 많지 않을 것이다. 이 예외사항에 대해서는 뒤에 따로 정리했으니 참조 바란다.

참고로 건축법 45조는 만약 도로의 위치를 지정 및 공고하려면 이해관계인의 동의를 받으라는 내용이다.

건축법 45조

허가권자는 제2조제1항제11호나목에 따라 도로의 위치를 지정·공고하려면 국토교통부령으로 정하는 바에 따라 그 도로에 대한 이해관계인의 동의를 받아야 한다.

다만, 다음 각 호의 어느 하나에 해당하면 이해관계인의 동의를 받지 아니하고 건축위원회의 심의를 거쳐 도로를 지정할 수 있다.

1. 허가권자가 이해관계인이 해외에 거주하는 등의 사유로 이해관계인의 동의를 받기가 곤란하다고 인정하는 경우
2. 주민이 오랫동안 통행로로 이용하고 있는 사실상의 통로로서 해당 지방자치단체의 조례로 정하는 것인 경우

출처 : 법제처

이해관계인의 동의를 받은 후에 도로로 지정되면 그 땅은 건축법상 도로가 된다. 도로로 지정이 되면 그 이후에는 그 도로의 소유자 동의와 상관없이 그 도로에 접해 건축허가를 받을 때 소유자의 동의가 없어도 된다.

1. **가목도로** : '국토의계획및이용에관한법률', '도로법', '사도법', 그 밖의 관계 법령에 따라 신설 또는 변경에 관한 고시가 된 도로
2. **나목도로** : 건축허가 또는 신고 시에 특별시장·광역시장·특별자치시장·도지사·특별자치도지사 또는 시장·군수·구청장이 위치를 지정하여 공고한 도로

자료 4-4 막다른 도로

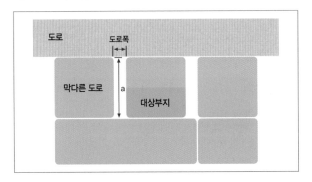

만약 지으려는 원룸 건물의 땅이 막다른 도로에 있다면 상황이 좀 복잡해진다. 필자는 대학에서 건축을 전공했는데, 같은 과 친구들이 시험 볼 때 제일 어려워하고 안 외워진다고 했던 것이 바로 이것이다. 그러니 여러분이 이 '막다른 도로'에 관련된 숫자들이 안 외워진다고 자책할 일은 아니다. 건축을 전공하는 학생들이 시험 볼 때도 잘 안 외워지는 숫자들이니 '이런 것이 있다'는 정도만 알고 있어도 된다. 왜냐하면 실제로 땅을 매입할 때에는 토지 계약서에 도장을 찍기 전에 앞에서 이야기한 가설계를 할 것이고, 그때 설계사무소에서 짚어줄 것이다.

- 만약 막다른 도로의 길이가 10m 미만이라면, 도로 폭은 2m 이상이면 된다.

- 만약 막다른 도로의 길이가 10m~35m 사이라면, 도로 폭은 3m 이상이면 된다.
- 만약 막다른 도로의 길이가 35m 이상이라면, 도로 폭은 6m 이상 이어야 한다(막다른 도로의 길이가 35m 이상이라도 읍, 면지역이라면 4m 이상이면 된다).

자료 4-5 막다른 도로의 길이와 도로의 폭

막다른 도로의 길이	도로의 폭
10m 미만	2m
10m 이상 ~ 35m 미만	3m
35m 이상	6m(도시지역이 아닌 읍.면지역은 4m)

막다른 도로에서는 10m, 35m와 2m, 3m, 6m를 알고 있으면 되겠다. 그리고 도로는 아래의 세 가지로 나뉜다.

첫 번째, 건축법상 도로 : 위에서 설명한 건축법 44조, 45조, 46조 등의 건축법 사항을 만족하는 도로.

두 번째, 지적도상 도로 : 지적도상에 지목이 '도로'로 지정이 된 경우로 실제로 도로로 사용되고 있을 수도 있고, 아닐 수도 있다. 건축행위를 하려면 첫 번째 도로, 즉 '건축법상도로'에 부합하는지 반드시 확인해야 한다.

세 번째, 현황도로 : 지적도상 지목은 도로가 아니지만 실제로 사람과 차가 통행하며 도로로 쓰이고 있는 땅이다.

지적도상의 도로이든 현황도로이든 건축행위를 하려면 건축법상 도로의 조건 또는 각 지자체 조례에 부합해야 한다.

이상이 도로에 대해서 '원룸주택 건축주'가 알아야 할 기본 사항들이고 예외사항을 정리해보면 아래와 같다. 이 예외사항이 적용될 것으로 예상되는 곳은 반드시 유관관청 공무원에게 확인을 받아야 한다.

첫 번째, 건축물의 출입에 지장이 없다고 인정받을 때다.

건축법 제44조(대지와 도로의 관계)

① 건축물의 대지는 2미터 이상이 도로(자동차만의 통행에 사용되는 도로는 제외한다)에 접하여야 한다. 다만, **다음 각 호의 어느 하나에 해당하면 그러하지 아니하다.**
1. 해당 건축물의 출입에 지장이 없다고 인정되는 경우
2. 건축물의 주변에 대통령령으로 정하는 공지가 있는 경우
3. 「농지법」 제2조제1호나목에 따른 농막을 건축하는 경우

두 번째, 지형적 조건으로 도로 설치가 곤란하다고 인정한 3m 이상인 도로와 막다른 일 경우다.

건축법 시행령 제3조의3(지형적 조건 등에 따른 도로의 구조와 너비)

법 제2조제1항제11호 각 목 외의 부분에서 "대통령령으로 정하는 구조와 너비의 도로"란 다음 각 호의 어느 하나에 해당하는 도로를 말한다.
1. 특별자치시장·특별자치도지사 또는 시장·군수·구청장이 지형적 조건으로 인하여 차량 통행을 위한 도로의 설치가 곤란하다고 인정하여 그 위치를 지정·공고하는 구간의 너비 **3미터 이상(길이가 10미터 미만인 막다른 도로인 경우에는 너비 2미터 이상)**인 도로

세 번째, 비도시지역의 '면'지역은 2m 이상 접하지 않아도 된다.

건축법 제3조(적용 제외)

② 「국토의 계획 및 이용에 관한 법률」에 따른 도시지역 및 같은 법 제51조제3항에 따른 지구단위계획구역(이하 "지구단위계획구역"이라 한다)외의 지역으로서 동이나 읍(동이나 읍에 속하는 섬의 경우에는 인구가 500명 이상인 경우만 해당된다)이 아닌 지역은 제44조부터 제47조까지, 제51조 및 제57조를 적용하지 아니한다.

네 번째, 비도시지역의 동과 읍에서 건축조례로 정하는 건축물은 '너비 4m, 2m 접하는 기준'을 완화한다.

건축법 시행령 제6조(적용의 완화)

① 법 제5조제1항에 따라 완화하여 적용하는 건축물 및 기준은 다음 각 호와 같다.

7의2. 「국토의 계획 및 이용에 관한 법률」에 따른 도시지역 및 지구단위계획구역 외의 지역 중 동이나 읍에 해당하는 지역에 건축하는 건축물로서 건축조례로 정하는 건축물인 경우 : 법 제2조제1항제11호(너비 4m) 및 제44조(2m접할 것)에 따른 기준

다섯 번째, 4m 미만이라도 건축법의 도로로 이미 지정·공고된 도로라면 건축이 가능하다.

건축법 제2조(정의)

① 이 법에서 사용하는 용어의 뜻은 다음과 같다.

11. "도로"란 보행과 자동차 통행이 가능한 너비 4미터 이상의 도로(지형적으로 자동차 통행이 불가능한 경우와 막다른 도로의 경우에는 대통령령으로 정하는 구조와 너비의 도로)로서 다음 각 목의 어느 하나에 해당하는 도로나 그 예정도로를 말한다.

가. 「국토의 계획 및 이용에 관한 법률」, 「도로법」, 「사도법」, 그 밖의 관계 법령에 따라 신설 또는 변경에 관한 고시가 된 도로

나. 건축허가 또는 신고 시에 특별시장·광역시장·특별자치시장·도지사·특별자치도지사(이하 "시·도지사"라 한다) 또는 시장·군수·구청장(자치구의 구청장을 말한다. 이하 같다)이 위치를 지정하여 공고한 도로

여섯 번째, 건축선 후퇴를 적용하는 경우다.

건축법 제46조(건축선의 지정)

① 도로와 접한 부분에 건축물을 건축할 수 있는 선[이하 "건축선(建築線)"이라 한다]은 대지와 도로의 경계선으로 한다. 다만, 제2조제1항제11호에 따른 소요 너비에 못 미치는 너비의 도로인 경우에는 그 **중심선으로부터 그 소요 너비의 2분의 1의 수평거리만큼 물러난 선을 건축선으로 하되**, 그 도로의 반대쪽에 경사지, 하천, 철도, 선로부지, 그 밖에 이와 유사한 것이 있는 경우에는 그 경사지 등이 있는 쪽의 도로경계선에서 소요 너비에 해당하는 수평거리의 선을 건축선으로 하며, 도로의 모퉁이에서는 대통령령으로 정하는 선을 건축선으로 한다.

일곱 번째, 현황도로를 이용할 때다.

'현황도로'란 그 토지의 실제 현황이 도로라는 뜻으로, 도로관리대장에 등재된 도로가 아닌 도로를 말한다. 주의해야 할 사항이 콘크리트 포장이 되었다고 해서 곧바로 건축허가가 가능한 도로라고 할 수는 없다는 것이다(대법원 선고 89누7016).

기본적으로 도로관리대장에 등재가 되지 않은 도로는 도로 소유자의 동의(건축법 45조)가 필요한데, 소유자의 동의 없이 건축허가가 가능한 도로로서 건축위원회에서 심의할 수 있는 도로의 종류는 각 지자체 조례로 정한다.

여덟 번째, 농로를 이용할 경우다.

비도시지역 중 '면'지역의 경우에는 도로지정 의무가 없으므로 주민들이 오랫동안 사용한 통로라면 진입로로 사용할 수도 있다.

아홉 번째, 하천법상 제방도로일 경우다.

제방 도로가 4m 이상인 경우 지자체별 조례로 건축허가가 나는 경우가 있다.

이상 아홉 가지가 예외사항에 해당하는데, 이 경우에는 반드시 해당 지자체의 인허가 담당공무원에게 토지 계약(경매라며 입찰) 전에 확인해야 한다.

일조권 사선 제한

일조권은 워낙 민감한 사항이기 때문에 관련 법조문이 A4용지 3장을 훨씬 넘는다. 왜 민감한 사항인가 하면 일조권 제한을 받지 않을 때보다 일조권 제한을 받을 때의 땅 주인, 즉 건물주의 재산상의 손해가 막심하기 때문이다.

먼저 일조권과 관련된 건축법 조문을 보자.

건축법

제61조(일조 등의 확보를 위한 건축물의 높이 제한)

① 전용주거지역과 일반주거지역 안에서 건축하는 건축물의 높이는 일조(日照) 등의 확보를 위하여 정북방향(正北方向)의 인접 대지경계선으로부터의 거리에 따라 대통령령으로 정하는 높이 이하로 하여야 한다.

② 다음 각 호의 어느 하나에 해당하는 공동주택(일반상업지역과 중심상업지역에 건축하는 것은 제외한다)은 채광(採光) 등의 확보를 위하여 대통령령으로 정하는 높이 이하로 하여야 한다. 〈개정 2013. 5. 10.〉

~ 중략 ~

③ 다음 각 호의 어느 하나에 해당하면 제1항에도 불구하고 건축물의 높이를 정남 (正南)방향의 인접 대지경계선으로부터의 거리에 따라 대통령령으로 정하는 높이 이하로 할 수 있다. 〈개정 2011. 5. 30., 2014. 1. 14., 2014. 6. 3., 2016. 1. 19., 2017. 2. 8.〉

~ 중략 ~

④ 2층 이하로서 높이가 8미터 이하인 건축물에는 해당 지방자치단체의 조례로 정하는 바에 따라 제1항부터 제3항까지의 규정을 적용하지 아니할 수 있다.

건축법시행령

제86조(일조 등의 확보를 위한 건축물의 높이 제한)

① 전용주거지역이나 일반주거지역에서 건축물을 건축하는 경우에는 법 제61조제1항에 따라 건축물의 각 부분을 정북(正北) 방향으로의 인접 대지경계선으로부터 다음 각 호의 범위에서 건축조례로 정하는 거리 이상을 띄어 건축하여야 한다. 〈개정 2015. 7. 6.〉

1. 높이 9미터 이하인 부분 : 인접 대지경계선으로부터 1.5미터 이상

2. 높이 9미터를 초과하는 부분 : 인접 대지경계선으로부터 해당 건축물 각 부분 높이의 2분의 1 이상

② 다음 각 호의 어느 하나에 해당하는 경우에는 제1항을 적용하지 아니한다. 〈신설 2015. 7. 6., 2016. 5. 17., 2016. 7. 19., 2017. 12. 29.〉

~ 후략 ~

예외사항이 너무 많아서 중간에 많이 생략을 했는데도 이 정도의 분량이다.

앞 장의 도로와의 관계에서와 마찬가지로, 원룸 건물, 소형 신축사업을 하는 우리는 예외사항은 일단 뒤로 미루고 기본사항만 확인하도록 한다.

먼저 확인할 사항은 일조권 사선 제한이 어디에 적용되는지다.

건축법 제61조 ①항 '전용주거지역과 일반주거지역 안'이라고 명기되

어 있다.

즉, 대지의 용도지역 중에서 '전용주거지역과 일반주거지역'에서만 적용이 된다. 건폐율, 용적률과 함께 이 일조권 제한이 적용되지 않는다는 것이 준주거지역의 땅값이 전용주거지역과 일반주거지역에 비해서 비싼 이유 중 하나다.

'정북방향(正北方向)의 인접 대지경계선으로부터'라고 하는데, 만약 〈자료4-6〉 그림과 같이 A대지와 B대지가 같은 평단가로 매물이 나왔다면 어느 땅을 사야 할까?

일조권은 정북방향 인접 대지경계선에서 적용이 되니 당연히 B보다는 A가 유리하다. 얼마나 유리한지 확인해보자.

건축법시행령 제86조 ①항에 ~전략~건축물의 각 부분을 정북(正北) 방향으로의 인접 대지경계선으로부터 다음 각 호의 범위에서 건축조례로 정하는 거리 이상을 띄어 건축하여야 한다.〈개정 2015. 7. 6.〉

1. 높이 9미터 이하인 부분 : 인접 대지경계선으로부터 1.5미터 이상
2. 높이 9미터를 초과하는 부분 : 인접 대지경계선으로부터 해당 건축물 각 부분 높이의 2분의 1 이상

먼저 높이 9m 이하인 부분은 인접 대지경계선으로부터 1.5m 이상 띄우라고 한다. 높이 9m이면 약 3층 높이다.

즉 3층 이하라면 일조권 제한과 별 상관이 없겠다. 다중주택에서 지하 1층~지상 3층을 계획한다면 9m 이하가 되기 때문에 사선 제한이 적용되지는 않는다.

  그다음으로 높이 9m를 초과하는 부분은 인접 대지경계선으로부터 해당 건축물 각 부분 높이의 1/2 이상을 띄우라고 한다.

  만약 1개 층의 층고가 3m라면, 4층의 지붕까지의 높이는 12m가 된다. 인접 대지경계선으로부터 해당 건축물 각 부분 높이의 2분의 1 이상을 띄우라고 했으니, 12m의 1/2인 6m를 인접 대지경계선으로부터 띄워야 하겠다.

  〈자료 4-7〉그림에서 보면 3층까지는 상관없고 4층이라면 계단 모양으로 건물이 셋백(Set back)된다. 그런데 만약에 북쪽에 도로가 있는 땅이라면 〈자료 4-8〉의 그림과 같이 된다. 북쪽에 6m 도로가 있다면 5층까지는 바닥면적의 손실 없이 원룸 건물을 지을 수 있겠다.

자료 4-7 일조권 이격거리 1

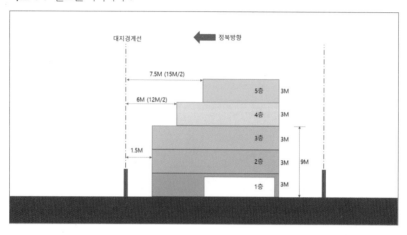

자료 4-8 일조권 이격거리 2

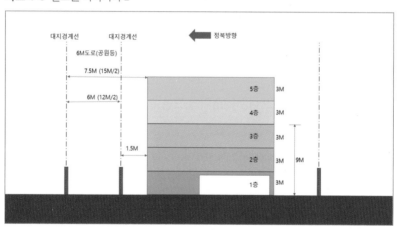

건폐율, 내 땅에 얼마만큼
건물이 자리 잡을 수 있을까?

건폐율은 이해하기 쉽게 내 땅 면적 중에 건물이 얼마만한 크기로 자리를 잡을 수 있는가를 비율로 나타낸 것이다.

우리나라 대부분의 건물은 용적율과 건폐율로 건물의 규모가 정해진다. 그러므로 건폐율과 용적률의 개념을 이해하고 있지 못하면 건물의 규모를 산정하지 못한다. 건폐율이란, 대지면적에 대한 건축면적의 비율로 건축법 제55조에 명시돼 있다.

건축법 제55조(건축물의 건폐율) 대지면적에 대한 건축면적(대지에 건축물이 둘 이상 있는 경우에는 이들 건축면적의 합계로 한다)의 비율(이하 "건폐율"이라 한다)의 최대한도는 「국토의 계획 및 이용에 관한 법률」 제77조에 따른 건폐율의 기준에 따른다. 다만, 이 법에서 기준을 완화하거나 강화하여 적용하도록 규정한 경우에는 그에 따른다.

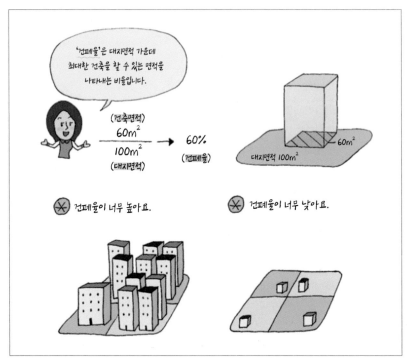

출처 : 토지이용용어사전

국토의 계획 및 이용에 관한 법률

제77조(용도지역의 건폐율)

1. 도시지역

   가. 주거지역 : 70퍼센트 이하

   나. 상업지역 : 90퍼센트 이하

   다. 공업지역 : 70퍼센트 이하

   라. 녹지지역 : 20퍼센트 이하

2. 관리지역

   가. 보전관리지역 : 20퍼센트 이하

   나. 생산관리지역 : 20퍼센트 이하

   다. 계획관리지역 : 40퍼센트 이하

3. 농림지역 : 20퍼센트 이하

4. 자연환경보전지역 : 20퍼센트 이하

건폐율은 '국토의계획및이용에관한법률'에는 최소 20%에서 상업지역 90% 이하로 적혀 있으나 실제로는 각 지자체별로 별도의 기준을 두고 운용을 하고 있기 때문에 반드시 지자체 조례를 확인해야 한다.

자료 4-10 건폐율 기준

도시지역	– 주거지역 : 70% 이하 – 상업지역 : 90% 이하 – 공업지역 : 70% 이하 – 녹지지역 : 20% 이하
관리지역	– 보전관리지역 : 20% 이하 – 생산관리지역 : 20% 이하 – 계획관리지역 : 40% 이하
농림지역	– 20% 이하
자연환경보전지역	– 20% 이하

건폐율의 계산은 (건축면적 ÷ 대지면적) × 100이다.

※ **건축면적이란** 건물의 외벽이나 이를 대신하는 기둥의 중심선으로 둘러싸인 부분의 수평투영면적을 말한다. 대지에 건축물이 둘 이상 있는 경우에는 이들 건축면적의 합계로 한다.
건축면적이 40평이고 대지면적이 100평이라면, (40평 ÷ 100평) × 100 = 40% 건폐율이 40%인 건물이다.

용적률, 내 땅에 건물을 몇 층까지 올릴 수 있을까?

용적률이란 내 땅에 건물의 지상층 바닥면적의 합계(연면적)을 얼마만큼 넣을 수 있는가를 비율로 나타낸 것이다.

제56조(건축물의 용적률) 대지면적에 대한 연면적(대지에 건축물이 둘 이상 있는 경우에는 이들 연면적의 합계로 한다)의 비율(이하 "용적률"이라 한다)의 최대한도는 '국토의 계획 및 이용에 관한 법률' 제78조에 따른 용적률의 기준에 따른다. 다만, 이 법에서 기준을 완화하거나 강화하여 적용하도록 규정한 경우에는 그에 따른다.

1. 도시지역
   가. 주거지역 : 500퍼센트 이하
   나. 상업지역 : 1천500퍼센트 이하
   다. 공업지역 : 400퍼센트 이하
   라. 녹지지역 : 100퍼센트 이하
2. 관리지역
   가. 보전관리지역 : 80퍼센트 이하
   나. 생산관리지역 : 80퍼센트 이하
   다. 계획관리지역 : 100퍼센트 이하. 다만, 성장관리방안을 수립한 지역의 경우 해당 지방자치단체의 조례로 125퍼센트 이내에서 완화하여 적용할 수 있다.
3. 농림지역 : 80퍼센트 이하
4. 자연환경보전지역 : 80퍼센트 이하

용적률도 건폐율와 마찬가지로 '국토의계획및이용에관한법률'에는 80%에서 상업지역 1500% 이하로 적혀 있으나 실제로는 각 지자체별로 별도의 기준을 두고 운용을 하고 있으므로 반드시 지자체 조례를 확인해야 한다.

자료 4-11 용적률

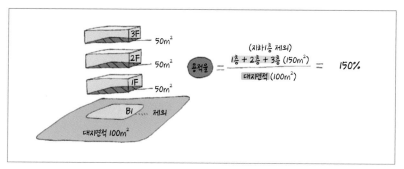

출처 : 토지이용용어사전

자료 4-12 용적률 기준

도시지역	1. 제1종전용주거지역 : 50퍼센트 이상 100퍼센트 이하
	2. 제2종전용주거지역 : 50퍼센트 이상 150퍼센트 이하
	3. 제1종일반주거지역 : 100퍼센트 이상 200퍼센트 이하
	4. 제2종일반주거지역 : 100퍼센트 이상 250퍼센트 이하
	5. 제3종일반주거지역 : 100퍼센트 이상 300퍼센트 이하
	6. 준주거지역 : 200퍼센트 이상 500퍼센트 이하
	7. 중심상업지역 : 200퍼센트 이상 1천500퍼센트 이하
	8. 일반상업지역 : 200퍼센트 이상 1천300퍼센트 이하
	9. 근린상업지역 : 200퍼센트 이상 900퍼센트 이하
	10. 유통상업지역 : 200퍼센트 이상 1천100퍼센트 이하
	11. 전용공업지역 : 150퍼센트 이상 300퍼센트 이하
	12. 일반공업지역 : 150퍼센트 이상 350퍼센트 이하
	13. 준공업지역 : 150퍼센트 이상 400퍼센트 이하
	14. 보전녹지지역 : 50퍼센트 이상 80퍼센트 이하
	15. 생산녹지지역 : 50퍼센트 이상 100퍼센트 이하
	16. 자연녹지지역 : 50퍼센트 이상 100퍼센트 이하

관리지역	17. 보전관리지역 : 50퍼센트 이상 80퍼센트 이하
	18. 생산관리지역 : 50퍼센트 이상 80퍼센트 이하
	19. 계획관리지역 : 50퍼센트 이상 100퍼센트 이하
농림지역	20. 농림지역 : 50퍼센트 이상 80퍼센트 이하
자연환경보전지역	21. 자연환경보전지역 : 50퍼센트 이상 80퍼센트 이하

용적률의 계산은 다음과 같다. (용적률 산정용 연면적÷대지면적)× 100이다. 용적률 산정용 연면적이 130평이고 대지면적이 100평이라면, (130평÷100평)×100＝130%. 용적률은 130%인 건물이다.

> ※ **연면적이란,** 하나의 건축물 각 층의 바닥면적의 합계를 말한다.
> 다만, 용적률을 산정할 때에는 다음에 해당하는 면적은 제외한다.
> ① 지하층의 면적
> ② 지상층의 주차용(해당 건축물의 부속용도인 경우만 해당)으로 쓰는 면적
> ③ 초고층 건축물과 준초고층 건출물에 설치하는 피난안전구역의 면적
> ④ 건축물의 경사 지붕 아래에 설치하는 대피공간의 면적

용적률을 산정할 때에는 지하층의 면적, 지상층의 주차용(해당 건축물의 부속용도인 경우만 해당)으로 쓰는 면적, 준초고층 또는 초고층 건축물의 피난안전구역의 면적, 건축물의 경사지붕 아래에 설치하는 대피공간의 면적은 제외한다.

건폐율과 용적률은 설계진행 시에 〈자료 4-13〉과 같이 나타나게 되고 법적 최고한도를 지켰는지 확인하는 검토대상이 된다.

자료 4-13 건축개요상 건폐율과 용적률

□ **설 계 개 요**

구 분	내 용		
대지위치	서울시 ▮▮▮▮▮▮▮▮ 번지		
지역지구	제2종일반주거지역		
대지면적	공부상 면적	도로저촉 면적	실 사업 면적
	95.90㎡	10.00㎡	85.90㎡
도로현황	서측 6M 도로, 북측 4M도로 확보		
	계 획		법 정
건축면적	45.60㎡		
연 면 적	지하층		
	지상층	171.60㎡	
	소 계	171.60㎡	
건 폐 율	53.08 %		법정 : 60 %
용 적 율	199.77 %		법정 : 200 %
규모/층수	지상 5층		
최고높이	16.10M		
건물구조	철근콘크리트구조		
건물용도	근린생활시설, 단독주택(다가구주택-4가구)		
주차대수	설치 : 2대		근린생활시설 시설면적 134㎡ 당 1대

주차장이 건물 종류를 결정한다

원룸 건물을 계획하다 보면 항상 내가 생각했던 것보다 뭔가 아쉽게 느껴진다. 아쉬운 것 중 하나가 바로 대지면적이다. 만약에 서울 등 도심지가 아닌 수도권이나 지방에서 원룸 건물을 지으려고 생각한다면 조금 낫겠지만, 서울 등 대도시에서 원룸 건물을 계획할 때면 항상 땅이 모자란다. 이 '땅이 모자란다'는 것은 건물에 방 갯수를 채워 넣지 못한다는 것이 아니다.

작은 사이즈에 속하는, 즉 1개 층에 방이 3개 있는 원룸 건물을 계획하더라도 3개 층이면 9세대, 반지하까지 계획하면 12세대인데, 이때 필요한 건축면적은 20평 정도다. 건축면적이 30평 정도 되면 1개 층에 4세대까지 넣을 수 있다.

1개 층에 3개의 방이 들어가는 원룸 건물을 짓는 데 필요한 건축면적이 약 20평, 건폐율이 60%이면, 필요한 대지면적은 33.3평(20평÷60%) 정도 넓이의 땅이 있으면 된다.

이 원룸 건물을 정리해보면, 대지면적 33평, 건축면적 20평, 연면적 80평[4개 층(지하 1층~지상 3층)×20평(각 층의 바닥면적)], 방 개수 12세대인 원룸 건물을 지을 수 있다.

그런데, 여기에는 한가지 문제점이 있다. 바로 주차대수이다.

만약, 이 건물이 서울에 있는 다가구주택이라면 세대당 0.5대의 주차대수를 확보해야 한다.

즉 12세대×0.5대=6대, 6대의 주차대수를 확보해야 한다.

대지면적 33평에서 건물이 깔고 앉아 있는 바닥면적 20평을 빼면 남는 면적이 약 13평인데, 주차장 1면은 2.5m×5m이다. 주차 1면이 12.5㎡인데 평으로 환산하면 약 3.8평이 된다.

주차통로 등 다른 조건 없이 순수하게 주차면수만을 계산해도 남는 대지면적 13평에는 주차면수 4개가 들어가지 않는다.

그래서 조성 가능한 주차면수는 4개인데 건물에는 주거용 세대가 12세대가 들어가게 될 때(즉 주차장 필요면수가 6개일 때), 부족한 주차면수 2개 때문에 건축주는 고민을 하게 되고, 유혹의 손길이 다가온다. 그리고 많은 건축주가 이 불법건축이라는 유혹에 넘어간다. 하지만 2019년 4월에 이행강제금에 대한 법규가 강화가 되는 등, 건축주가 두고두고 골치가 아플 수 있기 때문에 만에 하나라도 불법건축물을 생각했더라도 피하는 것이 좋다.

대표적인 불법 시공 사례

1. 일조권 사선제한으로 셋백(set back)된 부분에 불법 증축

2. 투룸, 쓰리룸으로 허가받고 불법으로 방 쪼개기 해서 원룸으로 만들기

3. 다가구주택으로 허가받을 때 2개 층 정도를 근린생활시설 등으로 허가받고 후
   시공으로 방으로 만들기

예전에는 불안하지만 수익률 때문에 불법 시공을 시도를 하는 경우도 많이 있었는
데, 법이 바뀌었다.

이행강제금 (시행 2019.4.23)

이행강제금규정은 예전부터 있었지만, 2019년 4월에 강화가 되었다.

필자가 재작년에 공사를 시작해서 작년 초에 준공을 한 원룸 건물(도시형생활주택)
을 기준으로 계산을 해보니 예전 규정대로라면 불법시공사항이 걸리더라도 이행강
제금이 1년에 약 1천 3백만 원 정도였고, 그것도 5년이 지나면 되었지만, 바뀐 규
정으로 계산을 해보니 3천만 원 정도의 이행강제금을 내야 하는 것으로 계산이 되
었다.

그런데, 5년이라는 기간도 삭제되어서 이행될 때까지 계속 내야 한다.

필자가 2019년에 준공한 원룸 건물(도시형생활주택)을 공사할 때에, 1억 원이나 더
추가로 투입해서 주차장 부지를 매입하고, 두 달간의 설계변경 인허가 기간까지 감
수하면서 설계를 변경하고 공사를 부분 재시공을 한 이유도 이런 이유 때문이었다.

건축법

[법률 제16380호, 2019. 4. 23., 일부개정]

국토교통부 (건축정책과 - 건축제도 일반) 044-201-3761, 3763
국토교통부 (건축정책과 - 건축구조 규정 운영) 044-201-4752
국토교통부 (건축정책과 - 위반건축물 규정 운영) 044-201-4838
국토교통부 (녹색건축과 - 건축물 유지관리 규정 운영) 044-201-3773
국토교통부 (녹색건축과 - 건축설비 · 조경 규정 운영) 044-201-4753
국토교통부 (건축정책과 - 피난 · 마감재료 규정 운영) 044-201-4835

제80조(이행강제금) ① 허가권자는 제79조제1항에 따라 시정명령을 받은 후 시정기간 내에 시정명령을 이행하지 아니한 건축주등에 대하여는 그 시정명령의 이행에 필요한 상당한 이행기한을 정하여 그 기한까지 시정명령을 이행하지 아니하면 다음 각 호의 이행강제금을 부과한다. 다만, 연면적(공동주택의 경우에는 세대 면적을 기준으로 한다)이 60제곱미터 이하인 주거용 건축물과 제2호 중 거주 건축물로서 대통령령으로 정하는 경우에는 다음 각 호의 어느 하나에 해당하는 금액의 2분의 1의 범위에서 해당 지방자치단체의 조례로 정하는 금액을 부과한다. <개정 2011. 5. 30., 2015. 8. 11., 2019. 4. 23.>

1. 건축물이 제55조와 제56조에 따른 건폐율이나 용적률을 초과하여 건축한 경우 또는 허가를 받지 아니하거나 신고를 하지 아니하고 건축된 경우에는 「지방세법」에 따라 해당 건축물에 적용되는 1제곱미터의 시가표준액의 100분의 50에 해당하는 금액에 위반면적을 곱한 금액 이하의 범위에서 위반 내용에 따라 대통령령으로 정하는 비율을 곱한 금액
2. 건축물이 제1호 외의 위반 건축물에 해당하는 경우에는 「지방세법」에 따라 그 건축물에 적용되는 시가표준액에 해당하는 금액의 100분의 10의 범위에서 위반내용에 따라 대통령령으로 정하는 금액

② 허가권자는 영리목적을 위한 위반이나 상습적 위반 등 대통령령으로 정하는 경우에 제1항에 따른 금액을 100분의 100의 범위에서 가중할 수 있다. <신설 2015. 8. 11., 2019. 4. 23.>

③ 허가권자는 제1항 및 제2항에 따른 이행강제금을 부과하기 전에 제1항 및 제2항에 따른 이행강제금을 부과 · 징수한다는 뜻을 미리 문서로써 계고(戒告)하여야 한다. <개정 2015. 8. 11.>

④ 허가권자는 제1항 및 제2항에 따른 이행강제금을 부과하는 경우 금액, 부과 사유, 납부기한, 수납기관, 이의제기 방법 및 이의제기 기관 등을 구체적으로 밝힌 문서로 하여야 한다. <개정 2015. 8. 11.>

⑤ 허가권자는 최초의 시정명령이 있었던 날을 기준으로 하여 1년에 2회 이내의 범위에서 해당 지방자치단체의 조례로 정하는 횟수만큼 그 시정명령이 이행될 때까지 반복하여 제1항 및 제2항에 따른 이행강제금을 부과 · 징수할 수 있다. <개정 2014. 5. 28., 2015. 8. 11., 2019. 4. 23.>

⑥ 허가권자는 제79조제1항에 따라 시정명령을 받은 자가 이를 이행하면 새로운 이행강제금의 부과를 즉시 중지하되, 이미 부과된 이행강제금은 징수하여야 한다. <개정 2015. 8. 11.>

⑦ 허가권자는 제4항에 따라 이행강제금 부과처분을 받은 자가 이행강제금을 납부기한까지 내지 아니하면 「지방세외수입금의 징수 등에 관한 법률」에 따라 징수한다. <개정 2013. 8. 6., 2015. 8. 11.>

이행강제금이 강화된 내용을 정리하자면 다음과 같다.

첫 번째, 강제이행금의 가중부과가 시가표준액의 100분의 50(50%)에서 시가표준액의 100분의 100(100%)까지 상향되었다.

즉, 시가표준액을 기준으로 부과한다는 것으로, 이행강제금이 이전보다 두 배 정도가 될 것이다.

두 번째, 주거용 건축물의 이행강제금의 감경기준이 85㎡에서 60㎡로 줄었다.

세 번째, 주거용 건축물의 이행강제금 총부과기준 5회가 시정될 때까지로 바뀌었다.

대신, 이미 이행강제금을 납부하고 있던 건물은 개정 전처럼 5회 납부하면 된다.

만약, 불법사항이 단순하게 일조권 사선 제한된 부분을 일부 증축한 것이라면 그나마 공사라도 할 수 있지만,

만약, 5개 층 중 3개 층은 다가구주택으로 허가받고, 2개 층은 근린생활시설, 사무실 등으로 허가를 받은 다음에 2개 층의 근린생활시설, 사무실 등을 주거용 원룸으로 바꾼 경우처럼 주차대수를 더 확보를 해야 양성화가 되는 경우라면 이행강제금 내다가 경매로 날리더라도 안 팔리게 될 수도 있다.

이와 같이 대지면적이 작아서 조성 가능한 주차면수는 4개인데 건물에는 주거용 세대가 12세대(주차장 필요 면수는 6개)가 들어가게 될 때, 다가구주택이 아닌 다른 형태의 건물 종류를 고민을 하게 되는 것이다. 즉, 주차대수가 건물의 종류를 결정하게 된다는 말이 되는 것이다.

그럼, 다가구주택의 대안은 어떤 것이 있을까? Part 01에서 원룸 건물의 종류를 자세하게 먼저 소개를 한 이유가 이것이다.

굳이 불법건축물을 고민하지 말고 Part 01에서 소개된 '다중주택'이나 '도시형 생활주택', '생활형 숙박시설', '고시원' 등을 테이블 위에 올려놓고 비교를 하면서 고민을 하기 바란다.

결국, 원룸 건물의 건물 종류를 결정하는 것은 '주차대수'다.

[원룸 건물 건축 시 알아야 하는 주차장법]

원룸 건물을 신축할 때에 주차장을 설치해야 하는 법적 근거는 주차장법이다.

[주차장법 제19조(부설주차장의 설치·지정)]

① 「국토의 계획 및 이용에 관한 법률」에 따른 도시지역, 같은 법 제51조제3항에 따른 지구단위계획구역 및 지방자치단체의 조례로 정하는 관리지역에서 건축물, 골프연습장, 그 밖에 주차수요를 유발하는 시설(이하 "시설물"이라 한다)을 건축하거나 설치하려는 자는 그 시설물의 내부 또는 그 부지에 부설주차장(화물의 하역과 그 밖의 사업 수행을 위한 주차장을 포함한다. 이하 같다)을 설치하여야 한다. 〈개정 2011. 4. 14.〉

이 주차장법 제19조에 의거해서 아래의 별표1과 같이 부설주차장을 설치해야 한다.

■ **주차장법 시행령 [별표 1]** <개정 2019. 3. 12.>

부설주차장의 설치대상 시설물 종류 및 설치기준(제6조제1항 관련)

시설물	설치기준
1. 위락시설	• 시설면적 100㎡당 1대(시설면적/100㎡)
2. 문화 및 집회시설(관람장은 제외한다), 종교시설, 판매시설, 운수시설, 의료시설(정신병원·요양병원 및 격리병원은 제외한다), 운동시설(골프장·골프연습장 및 옥외수영장은 제외한다), 업무시설(외국공관 및 오피스텔은 제외한다), 방송통신시설 중 방송국, 장례식장	• 시설면적 150㎡당 1대(시설면적/150㎡)
3. 제1종 근린생활시설[「건축법 시행령」 별표 1 제3호바목 및 사목(공중화장실, 대피소, 지역아동센터는 제외한다)은 제외한다], 제2종 근린생활시설, 숙박시설	• 시설면적 200㎡당 1대(시설면적/200㎡)
4. 단독주택(다가구주택은 제외한다)	• 시설면적 50㎡ 초과 150㎡ 이하 : 1대 • 시설면적 150㎡ 초과 : 1대에 150㎡를 초과하는 100㎡당 1대를 더한 대수[1+{(시설면적-150㎡)/100㎡}]
5. 다가구주택, 공동주택(기숙사는 제외한다), 업무시설 중 오피스텔	•「주택건설기준 등에 관한 규정」 제27조제1항에 따라 산정된 주차대수. 이 경우 다가구주택 및 오피스텔의 전용면적은 공동주택의 전용면적 산정방법을 따른다.
6. 골프장, 골프연습장, 옥외수영장, 관람장	• 골프장 : 1홀당 10대(홀의 수×10) • 골프연습장 : 1타석당 1대(타석의 수×1) • 옥외수영장 : 정원 15명당 1대(정원/15명) • 관람장 : 정원 100명당 1대(정원/100명)
7. 수련시설, 공장(아파트형은 제외한다), 발전시설	• 시설면적 350㎡당 1대(시설면적/350㎡)
8. 창고시설	• 시설면적 400㎡당 1대(시설면적/400㎡)
9. 학생용 기숙사	• 시설면적 400㎡당 1대(시설면적/400㎡)
10. 그 밖의 건축물	• 시설면적 300㎡당 1대(시설면적/300㎡)

원룸 건물 건축주가 반드시 알아야 하는 주차장법 조문은 2개다.

첫 번째로 주차장 크기에 대해서 알아보자.

주차장법 제6조(노외주차장의 구조.설비기준)
① 법 제6조제1항에 따른 노외주차장의 구조·설비기준은 다음 각 호와 같다.
　3. 노외주차장에는 자동차의 안전하고 원활한 통행을 확보하기 위하여 다음 각
　　목에서 정하는 바에 따라 차로를 설치하여야 한다.

주차장의 크기, 규격은 일반형이 2.5m×5m이다. 다른 규격은 일단
참고만 하면 된다.

구분	너비	길이
경형	2.0m	3.6m
일반형	2.5m	5.0m
확장형	2.6m	5.2m
장애인전용	3.3m	5.0m
이륜자동차전용	1.0m	2.3m

평행주차, 즉 일렬로 주차를 하는 경우에는 길이가 좀 길다. 굳이 외
울 필요는 없다.

구분	너비	길이
경형	1.7m	4.5m
일반형	2.0m	6.0m
보차도 구분 없는 주거지역	2.0m	5.0m
이륜자동차전용	1.0m	2.3m

주차단위구획과 접한 차로 폭

주차형식	차로 너비
평행주차	3.0m
직각주차	6.0m
60도 대향주차	4.0m
45도 대향주차	3.5m
교차주차	3.5m

일단, 머릿속에 넣어둬야 할 주차규격은 직각주차 일반형이다. 이것을 그림으로 보면 〈자료 4-14〉와 같다. 이것만 암기하도록 한다.

자료 4-14 직각주차 일반형

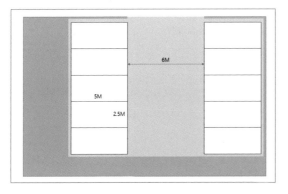

원룸 건물 건축주가 반드시 알아야 하는 주차장법 두 번째는 연접주차다. 연접주차는 앞에서 설명한 '직각주차 일반형'에서 '차로 폭 6m'가 차지하는 대지면적이 너무 넓다 보니까 면적이 작은 대지에서는 주차장을 만들 수 없게 되는 문제를 해결하기 위해서 고안된 것이다.

주차장법 제11조(부설주차장의 구조.설비기준)

① 법 제6조제1항에 따른 부설주차장의 구조·설비기준에 대해서는 제5조제6호 및 제7호와 제6조제1항제1호부터 제8호까지·제10호·제12호·제13호 및 같은 조 제7항을 준용한다. 다만, 단독주택 및 다세대주택으로서 해당 부설주차장을 이용하는 차량의 소통에 지장을 주지 아니한다고 시장·군수 또는 구청장이 인정하는 주택의 부설주차장의 경우에는 그러하지 아니하다. ~중략~

⑤ 부설주차장의 총주차대수 규모가 8대 이하인 자주식주차장의 구조 및 설비기준은 제1항 본문에도 불구하고 다음 각 호에 따른다. ~중략~

2. 보도와 차도의 구분이 없는 너비 12미터 미만의 도로에 접하여 있는 부설주차장은 그 도로를 차로로 하여 주차단위구획을 배치할 수 있다. 이 경우 차로의 너비는 도로를 포함하여 6미터 이상(평행주차형식인 경우에는 도로를 포함하여 4미터 이상)으로 하며, 도로의 포함 범위는 중앙선까지로 하되, 중앙선이 없는 경우에는 도로 반대쪽 경계선까지로 한다.

3. 보도와 차도의 구분이 있는 12미터 이상의 도로에 접하여 있고 주차대수가 5대 이하인 부설주차장은 그 주차장의 이용에 지장이 없는 경우만 그 도로를 차로로 하여 직각주차형식으로 주차단위구획을 배치할 수 있다.

4. 주차대수 5대 이하의 주차단위구획은 차로를 기준으로 하여 세로로 2대까지 접하여 배치할 수 있다.

5. 출입구의 너비는 3미터 이상으로 한다. 다만, 막다른 도로에 접하여 있는 부설주차장으로서 시장·군수 또는 구청장이 차량의 소통에 지장이 없다고 인정하는 경우에는 2.5미터 이상으로 할 수 있다.

6. 보행인의 통행로가 필요한 경우에는 시설물과 주차단위구획 사이에 0.5미터 이상의 거리를 두어야 한다.

⑥ 제1항 및 제5항에 따라 도로를 차로로 하여 설치한 부설주차장의 경우 도로와 주차구획선 사이에는 담장 등 주차장의 이용을 곤란하게 하는 장애물을 설치할 수 없다.

자료 4-15 차로의 넓이

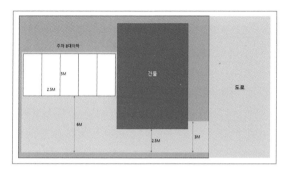

[연접주차]

⑤ 부설주차장의 총주차대수 규모가 8대 이하인 자주식 주차장의 구
조 및 설비기준은 제1항 본문에도 불구하고 다음 각 호에 따른다.

자료 4-16 보차 구분 없는 12m 미만 도로

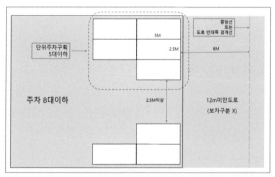

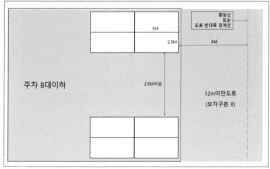

보차 구분이 있는 경우에는 12m 이상의 도로와 접한 경우에만 가능하며, 5대까지 가능하다.

자료 4-17 보차 구분 있는 12m 이상 도로

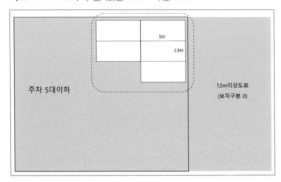

기억할 것은 보차 구분이 없는 12m 이상의 도로는 어떠한 경우에도 도로를 차도로 이용이 불가하다(중요!). 보차 구분이 있는 경우로, 12m 미만의 도로와 접한 경우에는 도로를 차도로 이용이 불가하다(중요!).

마지막으로 연접주차가 인정되는 예시와 인정되지 않는 예시를 확인하도록 하자.

자료 4-18 연접주차 인정 예시

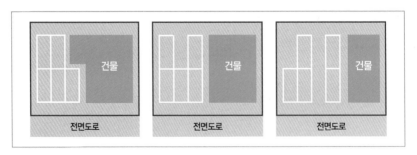

자료 4-19 연접주차 불가 예시

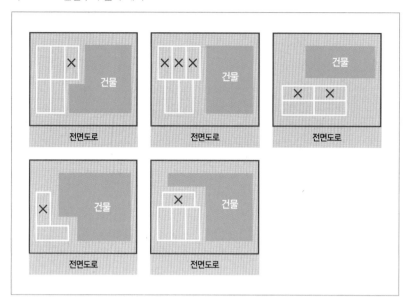

용도지역, 모든 땅은
쓰임새가 정해져 있다

'국토의계획및이용에관한법률(약칭 : 국토계획법)'을 보면, 아래와 같은
조문이 있다.

제2조(정의) 이 법에서 사용하는 용어의 뜻은 다음과 같다.

15. "용도지역"이란 토지의 이용 및 건축물의 용도, 건폐율(「건축법」 제55조의 건폐
    율을 말한다. 이하 같다), 용적률(「건축법」 제56조의 용적률을 말한다. 이하 같
    다), 높이 등을 제한함으로써 토지를 경제적·효율적으로 이용하고 공공복리의
    증진을 도모하기 위하여 서로 중복되지 아니하게 도시·군관리계획으로 결정하
    는 지역을 말한다.

16. "용도지구"란 토지의 이용 및 건축물의 용도·건폐율·용적률·높이 등에 대한
    용도지역의 제한을 강화하거나 완화하여 적용함으로써 용도지역의 기능을 증
    진시키고 경관·안전 등을 도모하기 위하여 도시·군관리계획으로 결정하는 지
    역을 말한다.

17. "용도구역"이란 토지의 이용 및 건축물의 용도·건폐율·용적률·높이 등에 대
    한 용도지역 및 용도지구의 제한을 강화하거나 완화하여 따로 정함으로써 시
    가지의 무질서한 확산방지, 계획적이고 단계적인 토지이용의 도모, 토지이용의
    종합적 조정·관리 등을 위하여 도시·군관리계획으로 결정하는 지역을 말한다

간단하게 정리하자면 우리나라는 '용도지역'이라는 것이 있고 이 용도지역이라는 것은 각각의 토지에 건축할 수 있는 건물의 종류, 크기와 높이(건폐율, 용적률)를 제한하는 것이며, '용도지구'란 '용도지역'을 보완하며, '용도구역'은 용도지역과 용도지구를 보완하는 것이다.

하지만 이런 법조문을 모두 공부할 필요는 없다. 우리는 원룸 건물을 짓기 위해 이 책을 보는 것이지 건축설계를 하기 위해서 공부를 하는 것이 아니기 때문에, 건축주로서 반드시 알아야 하는 것에 집중하기로 한다.

건축주로서 이 용도지역과 용도지구, 그리고 용도구역에 대해서 알아야 하는 사항은 내가 지으려고 하는 건물이 과연 내가 사려고 하는 땅에 지을 수 있느냐, 없느냐 하는 것이다.

용도지역별로 건축할 수 있는 건물을 〈자료 4-20〉으로 정리했다. 용도지역에 건축이 가능한지 불가능한지, 일정 조건을 만족할 경우의 가능 여부도 표시했다.

다만, 이와 관련된 법규나 지자체 조례들은 수시로 변경이 될 수 있으니 '참고용'으로만 사용하고, 실제로 땅을 매입할 때나 건축을 하기 전에는 반드시 해당 관청의 담당자에게 질의, 확인한 후에 일을 진행해야 한다.

자료 4-20 용도지역별 건축가능 건물

단독주택의 용도지역별 건축가능 여부

(●법허용 ▲조례허용 △조례제한 ×제한)

건축물 분류	건폐율	용적률	1.단독			
			가. 단독	나. 다중	다. 다가구	라. 공관
면적기준			–	330㎡ 이하	660㎡ 이하	
1종 전용주거지역	50%	100%	●	×	▲	×
2종 전용주거지역	50%	150%	●	●	●	●
1종 일반주거지역	60%	200%	●	●	●	●
2종 일반주거지역	60%	250%	●	●	●	●
3종 일반주거지역	50%	300%	●	●	●	●
준주거지역	70%	500%	●	●	●	●
중심상업지역	90%	1500%	▲ (근생주택)	▲ (근생주택)	▲ (근생주택)	▲ (근생주택)
일반상업지역	80%	1300%	△	△	△	△
근린상업지역	70%	900%	●	●	●	●
유통상업지역	80%	1100%	×	×	×	×
전용공업지역	70%	300%	×	×	×	×
일반공업지역	70%	350%	▲	▲	▲	▲
준공업지역	70%	400%	△	△	△	△
보전녹지지역	20%	80%	▲	▲	×	×
생산녹지지역	20%	80%	●	●	●	●
자연녹지지역	20%	80%	●	●	●	●
보전관리지역	20%	80%	●	●	●	●
생산관리지역	20%	80%	●	●	●	●
계획관리지역	40%	100%	● (4층 이하)	● (4층 이하)	● (4층 이하)	● (4층 이하)
관리지역세분전	40%	100%	● (4층 이하)	● (4층 이하)	● (4층 이하)	● (4층 이하)
농림지역	20%	80%	● (농어가주택)	×	×	×
자연환경보전지역	20%	80%	● (농어가주택)	×	×	×
취락지구	60%	–	●	●	●	●

공동주택의 용도지역별 건축가능 여부

(●법허용 ▲조례허용 △조례제한 ×제한)

건축물 분류	건폐율	용적률	2.공동			
			가.APT	나.연립	다.다세대	라.기숙사
면적기준			–	660㎡ 초과	660㎡ 이하	
1종 전용주거지역	50%	100%	×	▲	▲	×
2종 전용주거지역	50%	150%	●	●	●	●
1종 일반주거지역	60%	200%	●	●	●	●
2종 일반주거지역	60%	250%	●	●	●	●
3종 일반주거지역	50%	300%	●	●	●	●
준주거지역	70%	500%	●	●	●	●
중심상업지역	90%	1500%	▲ 비주거 의무 10% 이상	▲ 비주거 의무 10% 이상	▲ 비주거 의무 10% 이상	▲ 비주거 의무 10% 이상
일반상업지역	80%	1300%	▲ 비주거 의무 10% 이상	▲ 비주거 의무 10% 이상	▲ 비주거 의무 10% 이상	▲ 비주거 의무 10% 이상
근린상업지역	70%	900%	▲ 비주거 의무 10% 이상	▲ 비주거 의무 10% 이상	▲ 비주거 의무 10% 이상	▲ 비주거 의무 10% 이상
유통상업지역	80%	1100%	×	×	×	×
전용공업지역	70%	300%	×	×	×	▲
일반공업지역	70%	350%	×	×	×	▲
준공업지역	70%	400%	△	△	△	●
보전녹지지역	20%	80%	×	×	×	×
생산녹지지역	20%	80%	×	▲	▲	▲
자연녹지지역	20%	80%	×	▲	▲	▲
보전관리지역	20%	80%	×	×	×	×
생산관리지역	20%	80%	×	▲	▲	▲
계획관리지역	40%	100%	×	●	●	●
관리지역세분전	40%	100%	×	▲	▲	▲
농림지역	20%	80%	×	×	×	×
자연환경보전지역	20%	80%	×	×	×	×
취락지구	60%	–	×	▲	▲	▲

기타 원룸용도 건축물의 용도지역별 건축가능여부

(●법허용 ▲조례허용 △조례제한 ×제한)

건축물 분류	건폐율	용적률	4.2종근생 거. 다중생활시설	14.업무시설 나. 일반업무시설	15.숙박시설 가. 일반숙박/생활숙박	15.숙박시설 다. 다중생활시설
			고시원 등	오피스텔		
면적기준			500㎡ 미만			500㎡ 이상
1종 전용주거지역	50%	100%	×	×	×	×
2종 전용주거지역	50%	150%	×	×	×	×
1종 일반주거지역	60%	200%	▲	▲ (면적제한)	×	×
2종 일반주거지역	60%	250%	▲	▲ (면적제한)	×	×
3종 일반주거지역	50%	300%	▲	▲ (면적제한)	×	×
준주거지역	70%	500%	●	●	▲	×
중심상업지역	90%	1500%	●	●	● (주거밀집이격)	●
일반상업지역	80%	1300%	●	●	● (주거밀집이격)	●
근린상업지역	70%	900%	●	●	● (주거밀집이격)	●
유통상업지역	80%	1100%	△	●	● (주거밀집이격)	△
전용공업지역	70%	300%	●	×	×	×
일반공업지역	70%	350%	●	×	×	×
준공업지역	70%	400%	●	●	△	△
보전녹지지역	20%	80%	×	×	×	×
생산녹지지역	20%	80%	▲ (면적제한)	×	×	×
자연녹지지역	20%	80%	●	×	×	×
보전관리지역	20%	80%	▲	×	×	×
생산관리지역	20%	80%	▲	×	×	×
계획관리지역	40%	100%	●	×	△	△

건축물 분류	건폐율	용적률	4.2종근생 거. 다중생활 시설	14.업무시설 나. 일반업무 시설	15.숙박시설 가. 일반숙박/ 생활숙박	15.숙박시설 다. 다중생활 시설
			고시원 등	오피스텔		
면적기준			500㎡ 미만			500㎡ 이상
관리지역세분전	40%	100%	▲	×	▲ (660㎡ 이하, 3층 이하)	×
농림지역	20%	80%	▲	×	×	×
자연환경보전지역	20%	80%	×	×	×	×
취락지구	60%	−	●	×	×	×

PART
05

원룸 건물 성공의
절반은 설계

설계사무소를 선정하기 전에 먼저 알아야 할 것이 있는데, 바로 각각의 공사 관련자들이 어떤 업무를 하는 사람들인지 알아야 한다는 것이다.

건축기술자라고 해도 각기 맡은 분야가 다르고 하는 일 또는 전문분야가 따로 있다. 쉽게 예를 들어서 의사의 경우에는 내과, 안과, 피부과, 이비인후과, 외과와 같이 같은 '의사'라 하더라도 전문분야가 따로 있고 내과전문의가 안과 환자를 진료하지 않는 것처럼 건축분야도 똑같다. 물론 내과전문의가 일반인보다는 안과에 대해서 많이 알겠지만 안과 환자가 일부러 내과를 찾진 않는다.

일반적으로 사람들은 누가 설명하지 않아도 눈이 아프면 안과에 간다. 하지만 '건축분야'는 병원처럼 일반인들에게 익숙한 분야가 아니어서 건축기술자의 전문분야가 어떻게 나뉘는지 알지 못한다. 그래서 눈이 아픈 사람이 내과에 가는 일과 같은 일이 발생하게 된다.

의사들이 '의사고시'를 합격하고 '전문의'시험을 봐서 각자의 전문영역, 즉 '전문의'가 되는 것처럼 건축직종도 마찬가지이다.

대부분 대학에서 건축을 전공한 사람들은 대학졸업 전에 '건축기사' 자격증을 취득하는데, 이것이 예를 들었던 '의사고시'에 해당하는 것이고, 의사들이 의사면허 취득 후에 '내과전문의', '안과전문의'등의 전문의 자격을 취득하는 것과 마찬가지로 건축과를 졸업한 후에, 도면을 그리는 사람들은 '건축사' 면허를, 구조, 시공, 지질 등의 공학적인 일을 하는 사람들은 '기술사' 면허를 취득한다.

일반적으로 사람들이 많이 접하게 되는 건축설계사무소에 있는 분들은 '건축사'라고 불리는 자격면허를 취득한 사람들로서 '건축사'라는 이름 때문에 건축에 대한 전반적인, 즉 시공까지 모두 다 아는 사람으로 잘못 알고 있는데, 국가에서 명확하게 분류를 해 놓았다.

건축과를 졸업을 하는 사람들은 대부분 두 가지 진로 중 하나를 결정하게 되고, 근래에는 아예 대학교에 입학할 때부터 분리해서 입학을 한다. 진로 중 하나는 설계, 나머지 하나가 시공이다.

즉, 원래 건축기술자는 '설계' 전문가와 '공학, 시공' 전문가로 나뉘어 있다. 물론, 설계전문가나 공학, 시공전문가로 일을 시작을 하더라도 20년, 30년 정도 해당 업무를 하다 보면 자연스럽게 설계, 공학, 시공 전반에 걸친 지식을 섭렵하게 되지만, 엄연하게 구분이 되어 있다.

건축분야 중에서 구조, 시공, 지질 등의 공학적인 지식을 전문적으로 갖춘 사람들이 취득하는 자격 면허가 '기술사'이다.

그런데, 일반인들은 대부분 이 '기술사'면허를 가진 '특급기술자'들을 만나 볼 기회가 없다. 왜냐하면 그들은 대다수가 대기업에 속해서 대형 프로젝트를 수행하고 있기 때문이다.

그래서 정작 원룸 건물 등의 소규모 건물을 지으려는 소규모 건축주들은 이들의 존재를 알지 못한 채, 도면 그리는 것이 직업인 '건축사'나 어깨너머로 집 짓는 것을 배운 '집장사'들을 건축공학, 시공전문가인 줄 알고 그들에게 이것저것 문의를 하게 된다.

이때 이들은 굳이 '나는 공학, 시공전문가가 아닙니다'라는 말을 절대 하지 않는다. 정리해보면, 설계도면을 그리고 건축인허가를 전문영역으로 하는 '건축사', 설계도면 중에서 건물의 골조를 설계하는 전문가인 '구조기술사', 설계도면을 건축물로 현실에 구현하는 전문가인 '시공기술사', 설계도면대로 시공이 진행되는가를 확인하는 전문가인 '감리', 선축주 대행자로 설계, 인허가, 구조설계, 시공, 감리, 공사기간 준수,

공사비관리, 계약관리가 건축주의 의도대로 진행되는가를 총괄적으로 관리하는 전문가인 '건설사업관리자 PM, CM'으로 나뉜다.

---

* 건축의 전문분야
- 건축사 : 설계도면, 건축인허가
- 구조기술사 : 골조설계
- 시공기술사 : 설계도면을 건축물로 현실에 구현
- 감리 : 설계도면대로 시공이 진행되는가를 확인(감리는 CM이 아님)
- 건설사업관리자 PM, CM : 건축주 대행자로 총괄 관리

일반인들은 건축에도 전문분야가 있다는 사실을 모르기 때문에 시공, 구조, 공사기간 관리 등 모든 사항을 설계, 인허가전문가인 '건축사'에게 물어보게 된다. 물론 '건축사'들이 적어도 건축을 전공하지 않은 비전공자들보다는 건축에 대해서 많이 알기는 하겠지만, 내과의사가 눈이 아픈 환자에게 조언하는 정도라고 생각하면 될 것 같다.

설계사무소 선정을 위한
기본지식

건축설계사무소를 선정하기 위해서는 무엇보다 먼저 해당 건축설계 사무소의 실적을 확인하는 것이 가장 중요하다.

우리나라의 건축 관련 법규는 굉장히 다양하다. 건축설계에서 가장 중요한 사항 중에 하나가 현행 법규에 맞는 설계를 하는 것인데, 건축설계를 할 때 적용되는 법은 '건축법'만 적용되는 것이 아니다. 소방법, 다중이용에 관련된 법, 주차에 관련된 법, 가스, 전기, 위험물, 각 지자체의 조례까지 셀 수도 없이 많은 법들이 그물처럼 얽혀 있다.

그래서 설계사무소도 각자의 전문분야가 있다. 예를 들어서 국내 설계사무소 중 1위인 '삼우설계'는 삼성전자 반도체공장, 대규모 사옥, 대형공공시설 등을 위주로 설계했다. 고 김수근 건축가가 설립한 '공간' 같은 건축설계사무소는 아름다운 조형미를 강조한 건축물들을 설계한다. 만약 이런 건축설계사무소에 여러분의 원룸 건물 설계를 의뢰한다면 어떻게 될까?

대형 공공시설 등을 설계할 때 적용이 되는 건축관계법령과 소규모 원룸 건물을 설계할 때 적용되는 건축관계법령은 적용되는 법규 자체가 다르다.

그러므로 아무리 유명하고 규모가 크고 직원이 많은 설계사무소라고 하더라도 자주 접하지 않은 건축물의 종류의 경우에는 하나하나 다시 검토하고 확인하는 작업이 시작되기 때문에 유사의 건물에 대한 실적이 많은 설계사무소에 비해서 시간도 많이 걸리고, 또 반드시 적용해야 하는 관련 법규가 누락이 되는 경우도 상당히 많이 발생한다.

또, 소규모 원룸 건물을 많이 설계한 설계사무소는 작은 땅에서, 작은 면적으로, 공간을 최대한 효율적으로 활용할 수 있는 다양한 대안들을 가지고 있을 가능성이 많다.

그러므로 여러분이 원룸 건물을 계획하고 있다면, 반드시 설계사무소를 최소한 5군데 이상 방문을 하고, 각각의 설계사무소의 포트폴리오와 기시공된 건물도 방문하고, 본인이 가지고 있는 정보를 모두 전달하면서 상담을 한 후, 3군데로 압축해서 설계비와 설계기간 등을 협의한 후 최종적으로 결정하기를 권한다.

설계사무소는 이런 방식으로 선정을 하면 되는데, 이렇게 선정된 설계사무소와 업무를 진행할 때는 어떻게 진행해야 할까?

신규 건축주들의 대부분은 사회에서 완전한 '갑'의 위치에서 어떤 일을 해본 경험이 별로 없다. 설령 대기업에서 근무를 했더라도 온전히 자기가 판단하고 결정하고 책임까지 100% 지는 일을 경험해본 신규 건축주는 거의 없는 것 같다. 더군다나 요즘은 건축주의 연령대가 점점 낮아지고 있는 추세다.

이런 상황이다 보니 초보 건축주들은 자꾸 누군가에게 결정을 미루게 되는 경향을 보이는 것이 통례인데, 돈이 왔다 갔다 하는, 특히 예전부터 뒷통수 맞는 일이 많다고 널리 알려진 '건축판'에서 이런 식으로 건축주가 줏대를 갖지 못하고 남에게, 특히 공사 관계자들에게 권한, 즉 결정하는 것을 미루게 되면 반드시 뒷통수를 맞게 된다.

돈을 주는 사람이 '갑'이다. 누가 뭐라고 미사여구와 치장으로 바꾸고 아니라고 해도 적어도 자본주의 사회에서 불변의 법칙이다.

원룸 건물 신축은 100% 모든 일들이 당신의 돈으로 진행되는 것이다. 즉, 당신은 당신의 원룸 건물 현장에서는 무소불위의 '갑'이다.

갑으로서 요구할 것들을 '상대방의 기분이 상할까' 걱정을 하느라 포기하거나 그냥 넘어가지 말라. 여러분의 일생일대 사업이 진행 중이다.

필자는 되도록 설계사무소나 시공사를 선정할 때에 지인, 특히 친인척에게 일을 맡기지 말라고 강조하는데, 초보 건축주가 골머리를 앓는 대부분의 경우가 아는 친인척에게 설계나 시공을 맡겼을 때이다.

돈은 건축주 자신이 내면서, 계속 상대방 기분을 살피게 되다 보니 내가 원하는 대로 일이 진행이 안 되고 냉가슴만 앓게 된다.

단점이 10개라면 장점은 1개도 안 되는 것이 친인척에게 설계, 시공을 맡기는 것임을 명심해야 한다.

🏠 설계계약 시 반드시 포함되어야 할 것 : 설계 중 변경 시

원룸 건축사업의 첫 단추가 땅을 사는 것이라면 건축의 첫 단추는 '설계사무소와의 계약'이다. 설계계약 시 반드시 포함되어야 할 것을 알아보려면 먼저 설계사무소로 인해서 문제가 발생이 되는 유형을 알아야 한다.

설계사무소로 인해서 문제가 발생이 되는 유형 첫 번째는 설계가 변경될 때로, 설계사무소에서 설계비를 추가로 청구할 때이다.

설계사무소와 일을 시작하기 전에 설계사무소가 어떤 방식으로 일이 진행이 되는지 알아볼 필요가 있다.

먼저, 건축설계사무소에서 건축도면을 대략적으로 그린 다음에 돈, 즉 용역비를 주고 구조설계사무소, 전기설계사무소, 기계설비설계사무소 등의 협력사에 각각 구조, 전기, 기계설비 도면을 의뢰한다.

그러니, 건축도면만 수정할 타이밍이라면 흔쾌히 해주기도 하지만, 구조, 전기, 기계설비까지 어느 정도 진행이 된 상태라면 건축설계사무소 소장도 난감하다.

자료 5-1 설계도면 작성 메커니즘

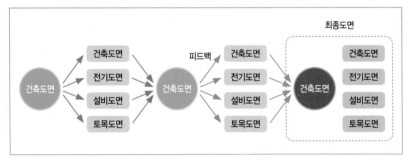

예전에 L그룹에서 근무할 때의 일이다. 국내에서 제일 높은(2020년 4월 현재) 초고층 건물의 프로젝트팀에서 설계관리를 할 때였다.

우리나라의 초고층은 대부분 외국 설계사가 계획설계(CC)를 맡고 국내 설계사가 전환설계, 실시설계(DD, 국내법에 맞게 수정작업)를 진행하는데, 오늘 얘기하는 회사는 미국의 SOM사 이야기다. 이 회사는 두바이의 '버즈두바이'를 설계한 회사이기도 하다.

설계용역비는 전환설계를 담당했던 국내 설계사가 수십 억 원이고, 계획설계를 담당하는 외국 설계사의 설계비는 국내 설계사의 10배 정도다.

그런데, 설계 진행 중에 수차례의 변경이 발생이 되었고, 약 10개월이 지났을 때 SOM사는 계약금액의 10% 정도의 추가 설계비를 청구했다.

10%가 얼마일까? 앞서 말한 국내 설계사의 설계비 정도다. 미국 설계사무소에서는 모든 직원들이 타임카드를 찍는다. A프로젝트 시작할 때와 마무리할 때, B프로젝트 시작할 때와 마무리할 때. 하루에도 이 프로젝트, 저 프로젝트를 작업하지만, 작업이 바뀔 때마다 바로바로 타임카드를 찍는다. 아무튼 추가 용역비로 직원들의 연봉이 적힌 종이와 수백 장의 타임카드 복사본이 메일로 날아왔다.

두 달여간, 밤에는 미국 SOM사와 전화통화로 협의를 하고(SOM사의 한국국적 직원), 낮에는 통화내용을 정리해서 내부 회의를 했고, 어느 정도 서로 양보하는 선에서 정리가 됐다.

여기서 얘기하고 싶은 것은, 설계 계약을 할 때 추가 증액이 없는 경미한 변경은 어느 수준인지, 어느 타이밍인지 확실하게 할 필요가 있다는 것이다. 추가로 설계비를 지급해야 한다면 기준과 타이밍이 언제인지 확실하게 명기해 놓아야 한다.

예를 들어서 타이밍의 기준은 구조, 전기, 기계설비 도면 작성 전후가 좋겠고, 범위는 여러분이, 즉 건축주가 요청을 해서 '바뀌게 된 면적이 전체면적의 10%를 넘을 때'를 기준으로 하면 원만하게 협의가 진행될 것이다.

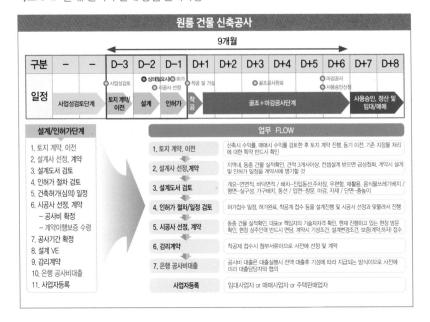

🏠 설계계약 시 반드시 포함되어야 할 것 : 인허가 기간

설계사무소로 인해서 문제가 발생이 되는 유형 두 번째는 인허가 기간이다. 다음 장에서 인허가의 절차에 대해서 자세하게 다루겠지만, 먼저 간략하게 설명해보면, 원룸 건물의 인허가는 대부분 '건축허가 → 착공신고 → (설계변경) → 사용승인'의 순서로 진행된다.

먼저 공사를 착공하기 위해서는 건축허가를 받아야 한다.

건축법

제11조(건축허가) ① 건축물을 건축하거나 대수선하려는 자는 특별자치시장·특별자치도지사 또는 시장·군수·구청장의 허가를 받아야 한다. 다만, 21층 이상의 건축물 등 대통령령으로 정하는 용도 및 규모의 건축물을 특별시나 광역시에 건축하려면 특별시장이나 광역시장의 허가를 받아야 한다.

건축허가를 받지 않고 건축신고로 갈음할 수 있는 경우도 있는데, 사실 준비해야 하는 서류는 건축신고나 건축허가나 비슷하다.

건축법

제14조(건축신고) ① 제11조에 해당하는 허가 대상 건축물이라 하더라도 다음 각 호의 어느 하나에 해당하는 경우에는 미리 특별자치시장·특별자치도지사 또는 시장·군수·구청장에게 국토교통부령으로 정하는 바에 따라 신고를 하면 건축허가를 받은 것으로 본다.

1. 바닥면적의 합계가 85제곱미터 이내의 증축·개축 또는 재축. 다만, 3층 이상 건축물인 경우에는 증축·개축 또는 재축하려는 부분의 바닥면적의 합계가 건축물 연면적의 10분의 1 이내인 경우로 한정한다.

2. 「국토의 계획 및 이용에 관한 법률」에 따른 관리지역, 농림지역 또는 자연환경보전지역에서 연면적이 200제곱미터 미만이고 3층 미만인 건축물의 건축. 다만, 다음 각 목의 어느 하나에 해당하는 구역에서의 건축은 제외한다.

　가. 지구단위계획구역

　나. 방재지구 등 재해취약지역으로서 대통령령으로 정하는 구역

3. 연면적이 200제곱미터 미만이고 3층 미만인 건축물의 대수선

4. 주요구조부의 해체가 없는 등 대통령령으로 정하는 대수선

5. 그 밖에 소규모 건축물로서 대통령령으로 정하는 건축물의 건축

② 제1항에 따른 건축신고에 관하여는 제11조제5항 및 제6항을 준용한다.

③ 특별자치시장·특별자치도지사 또는 시장·군수·구청장은 제1항에 따른 신고를 받은 날부터 5일 이내에 신고수리 여부 또는 민원 처리 관련 법령에 따른 처리기간의 연장 여부를 신고인에게 통지하여야 한다. 다만, 이 법 또는 다른 법령에 따라 심의, 동의, 협의, 확인 등이 필요한 경우에는 20일 이내에 통지하여야 한다.

④ 특별자치시장·특별자치도지사 또는 시장·군수·구청장은 제1항에 따른 신고가 제3항 단서에 해당하는 경우에는 신고를 받은 날부터 5일 이내에 신고인에게 그 내용을 통지하여야 한다.

⑤ 제1항에 따라 신고를 한 자가 신고일부터 1년 이내에 공사에 착수하지 아니하면 그 신고의 효력은 없어진다. 다만, 건축주의 요청에 따라 허가권자가 정당한 사유가 있다고 인정하면 1년의 범위에서 착수기한을 연장할 수 있다.

건축신고에서 우리가 알아야 하는 단어는 '85제곱미터 이내', '연면적의 10분의 1 이내', '대수선' 이라는 세 개 정도이다.

즉, 신축을 하더라도 '85제곱미터 이내'이면 건축허가가 아니라 건축신고만 하면 되고, 3층 이상 건물을 증개축공사를 할 때에도 '연면적의 10분의 1 이내'이면 건축허가가 아니고 신고만 하면 된다는 것이다.

건축허가의 접수는 건축설계사무소에서 '세움터'에 인터넷으로 접수를 하는데, 해당 토지의 사용에 관련된 서류(토지대장, 토지등기부등본, 토지사용승락서 등)와 설계도면, 그 밖에 해당 관청에서 요청하는 서류들로 구성이 된다.

이들 서류 중에서 가장 중요한 것은 토지의 권리에 대한 부분과 설계도서이다. 해당 관청에서는 건축허가신청을 받으면 주무부서(건축과 등)에서 접수를 하고 해당 관청(시청, 군청 등) 내의 관련 부서에 '협의'를 보내게 된다.

협의부서는 적게는 3~4개 부서가 될 수도 있지만 대규모 건축물의 경우에는 해당 관내에 있는 관련 관청(해양항만청, 환경청, 소방서, 경찰서 등)까지 협의를 보내는 경우도 있다.

여기에서 건축설계사무소의 역량이나 여러분의 원룸 건물에 대한 관심도가 판가름 나게 되는데, 통상적으로 주무부서인 건축과를 포함해서 협의를 돌고 있는 협의부서에서 건축허가를 접수한 건축설계사무소에 여러 가지 보완서류나 질의를 하게 되고 수정사항이 발생되면 수정해서 '세움터'에 올리라고 요청을 하게 된다.

이때, 건축설계사무소가 만약 유관 관청에서 요청한 보완서류나 수정사항을 바로 대응하고 해당 공무원들을 만나서 업무협의를 적극적으로 하게 되면 인허가 기간이 짧아지게 되는 것이고, 차일피일 미루면서 적극 대응을 하지 않게 되면 그만큼 인허가 기간이 길어지게 되는 것이다.

이 타이밍에 건축주가 궁금한 마음에 설계사무소에 연락해서 인허가 진행상황에 대해 묻게 되면, 돌아오는 대답은 '기다리세요' 뿐이다.

처음에 며칠은 기다리더라도 반드시 한 번은 건축허가 접수한 관청의 담당공무원을 만나봐야 한다. 심지어 허가 접수도 하지 않았으면서 허가 접수를 했다고 거짓말을 하는 설계사무소 소장도 비일비재하다. 그리고 이들은 이렇게 이야기한다.

"담당공무원들이 설계사무소 직원이 아닌 건축주가 직접 찾아오는 것을 매우 불쾌하게 생각합니다. 찾아가지 마세요!"

이들은 왜 이런 말을 할까? 맞다. 바로 건축주가 직접 담당공무원을 만나서 일 진행과정을 알게 된다면, 설계사무소 입장에서는 일을 바로바로 처리해야 하기 때문이다. 그래서 자기들 편하려고 만나지 말라고 하는 것이다.

그리고 담당공무원들이 건축주가 직접 찾아오면 반가워하지, 귀찮아하는 경우는 단 한 번도 보지 못했다. 되레, 한 번도 찾아오지 않는다고, '질문사항이 있는데 관심도 없나 보다'라고 이야기하는 경우가 대다수다.

그런데 만약 건축주가 한 번만이라도 시간을 내서 담당공무원을 직접 만나서 얘기를 나누게 된다면, 여러분의 신축사업을 대하는 설계사무소 소장의 태도가 바뀌게 될 것이다.

인허가라는 것이 워낙 변수가 많기 때문에 설계계약서상에 명확하게 지정을 해서 책임을 물을 수는 없지만, 적어도 '허가완료 예정날짜'와 '인허가 신행스케줄' 정도를 수기로라도 적어놓기를 권한다.

🏠 설계계약 시 반드시 포함되어야 할 것 : 준공도면 관련

설계사무소로 인해서 문제가 발생이 되는 유형 세 번째는 준공도면과 관련된 것이다. 공사가 완료되면 '사용승인신청서'를 접수를 하게 되는데, 대형공사현장에서는 주관이 '시공사'가 되고 설계사무소, 감리단 등이 보조역할을 하지만, 원룸 건물 정도의 소규모 공사현장에서는 설계사무소가 주관을 해서 세움터 입력작업을 하는 경우가 많다.

공사가 완료가 되어 사용승인신청서를 접수할 때 '준공도면'을 접수하게 되는데, 이 '준공도면'이라는 것은 최종 공사가 된 그 상태 그대로의 도면이라고 생각하면 된다.

공사를 진행할 때, 당연히 도면을 기준으로 공사를 진행을 한다. 하지만, 공사를 진행하다 보면 건축주의 요청이나 현장여건 등으로 인해서 도면과 100% 일치하게 공사가 마무리되지 않는다. 설계변경 인허가까지는 필요하지 않은 경미한 변경사항들은 도면을 수정해서 사용승인 접수 시에 첨부를 해야 한다. 그런데 이때에 이 준공도면까지 설계사무소에서 마무리해주는 것으로 설계 계약을 할 때에 명기해 놓아야한다.

여기서 도면작성은 설계사무소에서 하더라도 처음 도면과 공사내용이 바뀐 내용은 시공을 한 사람이 알려줘야 한다. 그리고 추가적으로 설계사무소의 설계비 중 잔금 10%~20% 정도는 사용승인 이후에 지급하는 것으로 지급 시기를 정하도록 하자.

공사가 끝나기도 전에 설계비, 즉 돈을 다 줘버리면 여러분의 현장에 관심이 사라지게 된다.

설계할 때,
건축주가 해야 하는 사항들

설계사무소를 선정하고 계약을 하고 계약금까지 송금했다면, 이제 본격적으로 설계사무소에서 도면을 그리기 시작한다.

그런데 설계사무소에서 도면을 그리기 시작할 때에 되도록 건축주가 많은 정보를 전달해야 설계사무소의 진행속도도 빨라지고 재작업을 하는 횟수도 적어진다.

간혹, 일부 건축주 중에서 "설계사무소가 다 알아서 해 주겠지"라고 생각하거나, "내가 이것저것 이야기하면 기분 나빠 하지 않을까?"라고 생각하는 경우가 있는데, 이는 잘못된 생각이다. 설계사무소 실무자 입장에서는 도면이 다 그려진 다음에 이것저것 수정을 요청하는 것보다 시작 전에 미리 원하는 것들을 자세하고 많이 이야기해 주는 것이 훨씬 업무에 도움이 된다.

건축주가 설계를 시작하기 전에 결정을 해줘야 하는 것들은 다음과 같은 것들이 있다. 건물의 종류, 실용도, 수직 동선체계, 수평 동선체계, 향후 확장 등의 계획과 같은 건축계획적인 요소들과 외벽 마감자재 종류와 색상, 바닥자재, 난간이나 선홈통의 자재, 모양, 위치 등의 주관적인 선호도로 결정이 되는 사항들이 그것이다.

먼저 건축계획적인 요소들에 대해서 알아보자. 모든 건축물은 토지를 매입하는 시기부터 건축주가 사업계획을 작성한 '건물의 종류'가 결정되어 있다.

원룸 건물을 짓기 위한 사업계획상에서도 이미 건축주는 토지를 매입할 단계부터 가설계 등을 통해서 다가구주택으로 할 것인지, 다중주택으로 할 것인지, 도시형 생활주택이나 생활형 숙박시설로 할 것인지 결정한 상태에서 토지를 매입했을 것이다.

건축주는 설계사무소에 설계를 의뢰할 때에 명확하게 자기가 원하는 건물의 용도를 알려주고 최대면적으로 할 때와 가장 경제적으로 할 때 등을 구분할 수 있도록 설계사무소에서 제안을 해달라고 요청할 필요가 있다.

예를 들어서, 일조권 사선 제한을 받는 토지의 경우, 최대면적을 검토하니 5층이 구성이 될 수 있지만 5층의 면적이 좁아서 방 개수가 몇 개 안 나오는 경우가 있다.

이런 경우에, 좁아진 5층의 방에서 나오는 월세 수입과 5층을 공사함으로 인해서 늘어나는 공사비를 비교해볼 필요가 생기게 된다.

5층에 만들 수 있는 방 개수가 가령 2개로 월세 수입 50만 원×2개 =100만 원이고, 1년에 1천 2백만 원의 수익이 생기는데, 5층을 공사하기 위해서 투입되는 공사비가 3억, 4억 원 정도가 더 들어간다면, 1장에서 설명한 수익률 구하는 방식으로 5층을 올릴 것인지에 대한 타당성을 다시 한번 생각해봐야 하겠다.

또, 처음 설계를 의뢰할 때, 건축주가 만약 '다가구주택'을 염두에 두고 토지를 매입했다고 하더라도 다른 종류의 원룸(다중주택이나 도시형생활주택, 생활형 숙박시설 등)이나 근린생활시설을 추가로 구성하는 등의 계획 검토도 설계사무소에 요청해볼 필요가 있다.

만약, 여러분이 선정한 설계사무소가 작은 면적에서의 절묘한 대안을 낼 수 있는 실력 있는 설계사무소라면 뜻하지 않은 추가수입을 올릴 수 있는 행운도 만날 수 있을 것이다.

하지만 여러분이 설계의뢰를 할 때, 이런 요청을 하지 않는다면, 설계사무소에서는 굳이 다른 대안들을 검토하는 수고를 나서서 하지는 않을 것이다.

수직동선과 수평동선에 대해서도 건축주가 자신의 의견을 얘기할 필요가 있는데, 여기서 수직동선이라 함은 계단, 엘리베이터와 같이 위아래로 움직이는 동선을 말하고, 수평동선이란 한 개의 층 내부에서 움직이는 동선을 말한다.

통상적으로 설계사무소에 여러분의 토지를 알려주고 설계를 의뢰하면, 설계사무소에서는 아주 평범하게 직사각형들을 조합해서 여러분의 토지 위에 건물을 앉혀 본다.

그리고 이리저리 돌려 본 후에 계단의 위치, 방의 위치, 주차장의 위치를 선정해서 대지에 올려놓은 후 건축주인 여러분에게 메일 등으로 보내주게 되는데, 아쉽게도 그 시간이 실제로는 3~4시간도 걸리지 않는 작업이다.

다시 말해서, 여러분에게는 전 재산이 걸린 원룸 건축사업이지만, 설계사무소에서 '업무'로 여러분의 원룸 사업을 접하는 사람들에게는 그저 한 개의 일거리일 뿐이다.

도면이 일주일 만에 완성이 되어 여러분의 손에 도착을 했다고 해서 그 일주일 동안 여러분의 원룸 건물을 놓고 연구하고 작업을 했으리라고 생각한다면 아주 큰 착각이다.

일주일의 시간이 걸린 이유는 당신의 원룸 건물이 설계사무소에 의뢰가 되기 전에 이미 작업을 하던 일이 있었고, 그 일을 마무리하고 나서 여러분의 원룸 건물을 그렸기 때문에 일주일이 걸린 것이다.

다시 말해서, 당신의 원룸 건물에 관심이 있는 사람은 아무도 없다는 것이다. 당신 말고는. 설계사무소에서 도면을 받으면, 다음 날이나 그 다음 날에 도면을 들고 설계사무소 소장님을 만나보기를 추천한다.

만나서, 화장실은 왜 여기에 배치가 되었는지, 주차는 이렇게 될 수밖에 없었는지, 다른 대안은 없었는지, 계단실은 왜 그 자리에 오게 되었는지 등을 꼼꼼하게 물어보고 답을 구하기 바란다.

그런 시간이 많으면 많을수록 여러분의 작은 토지 위에 딱 맞는 멋진 원룸 건물이 탄생할 확률이 점점 높아지게 된다.

또 건축계획적인 요소들 외에 외벽 마감자재 종류와 색상, 바닥자재, 난간이나 선홈통의 자재, 모양, 위치등과 같이 주관적인 선호도로 결정이 되는 사항들이 있는데, 대부분의 현장에서는 설계할 때에는 자재의 종류, 즉 현무암, 대리석, 포천석이라든가 수성페인트, 에폭시 페인트등과 같이 색상이나 구체적인 스펙이 없는 상태에서 큰 틀의 자재 이름만 도면에 명기가 된 상태에서 도면이 완성이 되고, 구체적인 스펙은 공사 진행 중에 결정을 하게 되는데, 이러다 보니 시공사에서 같은 재질의 저가 자재를 사용하는 빌미를 주게 된다.

설계를 진행할 때부터 각각의 마감자재에 대한 색상, 원산지, 납품회사까지 관여하는 것이 향후 공사진행할 때에 잡음을 줄이는 최선의 방법이다.

예를 들면 폴리싱타일의 경우 ㎡당 5천 원 정도인 중국산 제품부터 ㎡당 3~40만 원이 넘는 이탈리아산 제품도 있다. 그런데 둘 다 이름은 폴리싱타일이다. 여러분이 시공사라면 어떤 폴리싱타일을 쓰겠는가?

설계도면,
건축주는 이것만 확인하면 된다

설계도면을 처음 보게 되면 이게 뭔지 알 수가 없다. 마치 뭔가 대단한 것 같이 보이지만 사실 각각의 도면은 알려주고 싶은 내용을 써놓은 것이고, 각각의 도면에서 알려주고자 하는 것이 무엇인지만 알게 되면 아주 쉽게 도면을 볼 수가 있다.

각각의 도면에서 보고 싶은 것만 보도록 하자. 먼저 설계도면 앞부분에는 '건축개요'라는 것이 있는데, 건물의 전반적인 내용을 표로 정리해 놓은 것이다.

여러분은 궁금한 것만 보면 된다. 붉은색 사각형 안에 있는 '땅면적이 얼마인지', '전체면적이 얼마인지', '각 층마다 방이 몇 개가 들어가는지'가 가장 궁금한 것 아닌가?

자료 5-3 건축도면-건축개요

01. 건축물 개요

■ 건축개요

사업명			번지 다가구주택 신축공사		비고
대지위치			일지		
대지면적	지 번(획)	공부상면적	실사용면적	잔여면적	m2
	138-2.대	593.00	139.00	454.00	
	138-3.	393.00	223.00	170.00	
	138-7	103.00	103.00	-	
	138-10.	500.00	3.00	497.00	
	138-11.	91.00	61.00	30.00	
	계	1,680.00	529.00	1,151.00	
지역지구			제2종일반주거지역		
구 조			철근콘크리트구조		
주 용 도			단독주택(다가구)		
도로현황			4m도로		
규 모			지상4층		
건축물높이			13.70m		
정 화 조			시오수관에 연결		
주차대수		법정		계획	
			19대	19대	

■ 설계개요

구 분		면 적	비고
연면적	지하층	0.00m²	
	지상층	515.88m²	
	합 계	515.88m	
건축면적		180.48 + 1.40(수평투영면적) = 181.88m²	
용적률 산정용면적		515.88m²	
건 폐 율		181.88 / 529.00 X 100 = 34.38%	법정:40%이하
용 적 율		515.88 / 529.00 X 100 = 97.52%	법정:100%이하

■ 층별개요

구 분	면 적	비 고
지상1층	14.56m²	계단실
지상2층	180.48m²	다가구주택(7가구)
지상3층	180.48m²	다가구주택(7가구)
지상4층	140.36m²	다가구주택(5가구)
옥탑	14.56m²	면적제외
합 계	515.86m²	

■ 추진일정

2017년 9월 - 경관심의
2017년 9월 - 허가접수
2017년 10월 - 착공접수
2018년 4월 - 사용승인접수

3

그러면 그것만 보면 된다. 나머지는 설계사무소에서 '건축관련법규'
에 맞게 검토를 해서 작성했다.

자료 5-4 건축도면-배치도

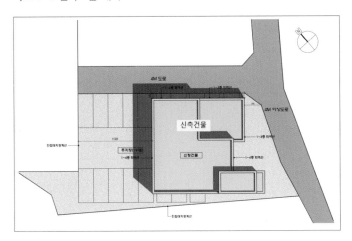

다음은 배치도다. 배치도는 전체 토지 위에 건물이 어떻게 자리를 잡게 되고 주차장은 어떻게 배치가 되고 인접대지경계선에서는 얼마나 떨어지게 되는가를 그려 놓은 도면이다.

이 배치도에서는 무엇이 궁금할까? 배치도에서 여러분이 확인해야 하는 사항은 보행 출입구의 위치, 차량출입구의 위치, 주차장의 배치, 건물의 형태 정도다.

시공하는 사람들이나 사용승인 때에 가장 중요한 사항은 인접대지경계선과 건물과의 이격거리(공지)와 주차장의 배치, 즉 '건물이 제대로 자리를 잡았는가'지만 이 단계에서 확인할 사항은 아니다.

다음은 각층의 평면도다. 가장 많이 보게 되는 도면이 바로 이 각층 평면도인데 각층의 평면도에서 건축주가 확인해야 하는 사항은 방 크기(치수), 실 내부의 화장실, 주방 등의 위치, 출입구의 위치 등이다.

특히 간과하기 쉬운 것이 방 하나의 가로세로의 길이인데, 위 도면에 보이는 것처럼 원룸의 경우 '가로×세로'가 '3.4m×6.0m' 정도를 기본으로 생각을 하면 앞으로 원룸 건물 신축할 때에 여러 가지로 도움이 될 것이다.

3.4m×6.0m=20.4㎡이고 평수로는 6.1평이 나오는데, 이 치수보다 작으면 너무 방이 작아 보이고, 크더라도 월세를 더 많이 받는 것도 아니므로 이 '3.4m × 6.0m'를 머릿속에 기억해 두면 많은 도움이 된다.

그리고 평면도에서 꼭 확인해야 하는 것이 화장실과 주방의 크기이다.

평면도로 보게 되면 너무 작아서 눈에 잘 들어오지 않지만, 화장실은 세면대와 양변기가 들어가고 사람이 움직일 수 있는 폭이 나와야 한다.

마찬가지로 주방의 경우, 싱크대와 일체형으로 구성이 되는 소형 드럼세탁기와 인덕션이 들어갈 수 있는지 반드시 확인을 해봐야 한다.

세면대와 양변기, 소형 드럼세탁기와 인덕션은 공사의 가장 마지막 단계에 설치가 된다. 간혹 좁은 면적에서 화장실과 주방을 구성하다 보면 마지막에 공사에 투입이 되는 이들 세면대와 양변기, 소형 드럼세탁기와 인덕션이 들어가지 못하는, 웃지도 못할 상황이 발생하기도 한다. 이런 일이 발생하면, 시공사에서는 도면대로 공사했다고 하며 설계사무소 잘못이라고 하고, 설계사무소에서는 현장에서 시공사가 미리 확인했어야 한다며 시공사 잘못이라고 하는 등, 서로 잘못을 떠넘기는 상황이 연출이 되는데, 이 모든 것은 건축주의 책임으로 돌아오게 된다. 즉, 돈으로 메꾸는 사람은 건축주라는 얘기다. 그러니 처음 평면도가 나왔을 때, 이런 최소한의 치수들은 미리 확인하자.

자료 5-5 건축도면-평면도

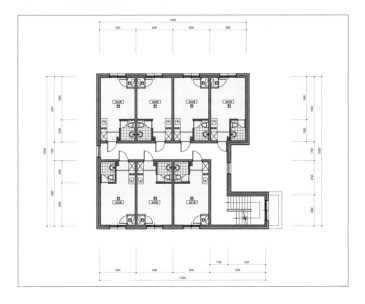

다음은 입면도다. 입면도는 말 그대로 서 있는 옆모습을 그린 도면이다. 입면도에서 건축주가 확인해야 하는 사항은 마감자재와 창문모양이다.

간혹 이 입면도에서 건물의 높이나 층고 등을 확인하려고 하는 분들이 있는데, 건물의 높이나 층고등은 단면도에서 확인하는 것이다. 입면도에서는 마감자재와 창문모양만 확인하고 넘어간다. 〈자료 5-6〉 입면도에서는 계단실은 현무암, 포인트외벽은 칼라강판, 외벽은 스타코 플러스로 마감했고, 난간은 목재난간을 설치했다.

자료 5-6 건축도면-입면도

다음은 단면도다. 단면도에서 건축주가 확인해야 하는 사항은 건물의 전체 높이, 각 층의 층고, 난간의 높이 등 '높이'와 관련된 제반사항이다.

층고는 보통 원룸 건물에서는 2.7m~3.0m 정도가 일반적인데, 층고가 너무 낮으면 방이 너무 좁아 보이게 되고, 또 너무 높게 되면 일조권 사선 제한이 있는 지역에서는 4층 부분이 셋백(Set Back)이 되는 경우가 있으니 적절하게 결정을 해야 한다.

특히 필로티 주차장으로 구성이 되는 경우에는 바닥부터 천정면까지 2.3m를 기준으로 시공을 한다. 이 경우에 택배 차량의 진입이 어려울 수 있으니 여건이 된다면 충분한 여유공간을 확보하는 것이 좋겠다.

설계도면에는 이외에도 건축부문에서는 창호도, 상세도, 재료 일람표 등이 있고, 구조부문에서는 구조평면도, 구조상세도, 배근도, 보, 기둥 일람표 등이 있으며, 전기도면, 기계설비 도면도 따로 있다.

하지만 초보 건축주가 이 모든 도면을 읽는다는 것은 단기간에 불가능하므로 우선은 앞서 언급한 건축개요, 배치도, 평면도, 입면도, 단면도를 중심으로 익힌 다음에 다음 도면을 공부하도록 하자.

자료 5-7 건축도면-단면도

공사비 절감은
설계에서 시작된다(설계 VE)

설계도면에 오류가 있을 수 있다고 하면 많은 건축주가 쉽게 믿지를 않는다. 그러다가 공사가 진행이 되면서 차츰차츰 그 사실을 알게 되는데 설계도면의 오류는 공사를 시작하기 전에 찾아내야 한다.

설계도면의 오류를 공사 착수한 이후에 알게 되는 경우, 다행히 작업이 시작되기 전에 알게 된다면 하루나 이틀 정도의 의사결정 또는 대안을 찾는 시간 정도만 손해를 보게 된다. 하지만, 만약에 작업 중에 알게 된다면 이미 작업을 한 부분을 철거를 하고 재시공하는 비용까지 손해를 보게 된다.

특히 이러한 부분은 각각의 공사 종목이 간섭하는 부분에서 많이 발생한다. 그 이유는 앞에서 설명한 설계도면 작성의 메커니즘 때문이다. 즉 설계도면 작성 메커니즘에서 피드백 단계가 누락이 되어서 설계도면의 오류가 나타나는 경우다.

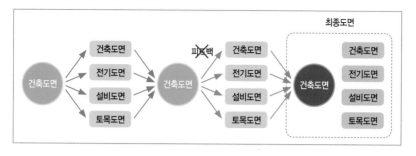

최초 작성이 된 건축도면을 기반으로 구조도면, 전기도면, 설비도면, 토목도면 등이 작성된다. 그 각각의 공종의 도면이 작성되면서 수정이 된 사항을 다시 건축도면을 작성하는 설계사무소에서 취합, 수정, 보완 해야 한다. 그런데 영세한 설계사무소나 소위 허가방이라고 불리는 설계사무소에서는 이 피드백 단계를 생략해 버리는 경우가 많다.

이렇게 되면 각각의 공종 도면들이 작성되면서 생기는 수정사항들이 최종적으로 취합, 수정, 보완이 되지 않은 채로 도면이 납품된다. 그 도면으로 공사가 진행되다 보니 당연히 각각의 공종별 도면이 앞뒤가 맞지 않게 된다(현장에서는 이것을 '아귀'가 맞지 않는다고 표현한다).

설계도면의 오류를 확인하는 샘플을 같이 보자. 샘플은 필자가 예전에 국내에서 다섯 손가락 안에 드는 설계사무소에서 작성한 도면을 실제로 검토하고 오류를 확인한 내용이다.

(1) 방수공사 공법이 사용부위별로 적합한가?

• 방수공사는 자재에 따라서 사용하는 위치가 다르다.

공종		검토 항목	비고
건축	1	사무동 지하 방수공법 변경	
	2	사무동 옥상 단열공법 변경	
	3	칼라Low-E 적용	
	4	사무동 하부 단열재 추가검토 필요	
	5	DA 기초부분 침하대책	
	6	24mm 복층(Low-E)	
	7	알미늄 창 루브 설계반영	
	8	전기실 상부 단열재 시공, 전기실 벽체는 단열재 미반영	
	9	Control Room 단열기준	
	10	용수공간 방수공법 변경	
	11	지하 단열재 침하 검토 필요	
	12	램프 입구 침하 검토 필요	
	13	처마길이 확대 및 방수터 추가 필요	
	14	액세스 플로어 설치여부 검토 필요	
	15	계단실 도장 사양변경	
	16	외장재료 변경 검토	
구조	1	최하층 바닥 조인트	
	2	SOG 슬라브 설계	
	3	허용지내력	

(2) 옥상 단열을 법규에 어긋나게 표시했다.

- 단열은 위치마다 규격이나 단열성능이 다르다.

(3) 단열재가 들어가야 하는 곳에 누락이 되었다.

- 외기와 직접 접하지 않은 곳, 즉 간접 접하는 곳도 단열이 들어가
  야 한다.

(4) 건물, 구조물의 침하 발생이 예상되는 곳에 보강조치를 하지 않았다.

- 특히 돌출된 계단, 램프 등은 주의해야 한다.

(5) 계단실이 피난용일 경우에는 디럭스타일 같은 자재는 쓰지 못한다.

- 타일, 석재, 인조석 등 불연재를 써야 한다.

(6) 허용지내력 기준을 확인해야 한다.

자료 5-10 설계도면 오류 샘플 2

공종		검토 항목	비고
토목	1	절토 사면 비탈면 보호공 추가	
	2	내부 경사도로 미끄럼 방지포장 적용	
	3	우/오수, 상수관종 집수정, 맨홀 및 빗물받이 등의 규격 추가	
	4	오수관경 조정	
기계	1	주방배수 및 드레인 배관	
	2	주방용 에어컨	
	3	사무실 공조	
	4	사무실 환기	
	5	사무실 환기	
	6	에어컨 설치	
	7	생산동 난방	
	8	소화전 배관	
	9	직원식당 환기설비	
전기	1	HV-1과 HV-4, HV-6, HV 7	
	2	LV-1, LV-2	
	3	접지선 규격	
	4	CABLE TRAY 설치	

(7) **절토면 흙막이 공법을 가장 경제적인 방법으로 설계를 해야 한다.**

- 흙막이는 많은 설계사무소에서 누락하는 도면이다. 지하층이 있다면, 반드시 확인하기 바란다. 만약 공사 중에 흙막이가 붕괴되면 돈으로도 해결 못 할 사고가 발생한다.

(8) **장애인 관련 시설은 반드시 장애인협회에 확인을 받아야 준공(사용 승인)이 난다.**

(9) **건물 내부의 우수, 오수, 상수와 건물 외부의 우수, 오수, 상수 배관을 각기 다른 작업자들이 시공을 하기 때문에 각각의 도면을 서로 맞춰 봐야 한다.**

- 도면도, 표기도 각각 다른 도면에 있다(건물내부=기계설비도면/건물외부=부대토목도면).

(10) 기계설비 환기배관, 드레인 등이 누락되는 경우가 많으니 반드시 확인한다.

(11) **필요한 곳에 전등, 스위치, 콘센트가 있는지 확인해야 한다.**
- 작업이 완료되고 추가로 설치하려면 돈이 두 배로 들게 된다.

이상과 같이 설계도면이 완성된 다음에 반드시 한 번 이상 도면을 검토해서 설계도면의 오류를 검토해야 한다.

다음으로 설계도면에서 확인해야 하는 사항은 과설계다. 과설계란, 건축물이 요구성능을 발현하는 데 필요한 것보다 너무 과하게 도면에 반영을 했다는 것이다. 이러한 과설계 중에서 공사비에 가장 큰 영향을 주는 것은 구조다. 〈자료 5-11〉은 철골구조에 대한 과설계항목을 조정한 사례인데, 최초 설계 시에 도면에 반영된 철골 톤수가 285톤에서 159톤으로 변경됐고 결과적으로 126톤이 줄었다.

자료 5-11 구조 과설계 조정

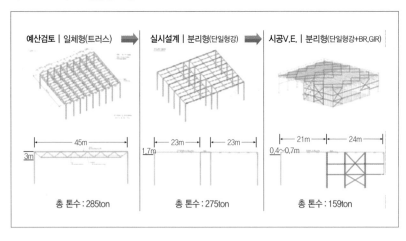

철골 자재비가 톤당 약 80만 원 선으로 자재비를 약 1억 원(126톤×80만 원=약 1억 원) 절감하고 시공비를 약 1억 2천만 원(126톤×100만 원=약 1억 2천만 원) 절감할 수 있다. 이 프로젝트의 경우 구조의 과설계만 잡아냈는데도 2억 원 이상 절감이 가능하다.

〈자료 5-12〉는 한 프로젝트에서 발생한 과설계 내용을 금액으로 정리한 것인데, 과설계 항목만 잡아내도 이 프로젝트에서 약 1억 4천만 원이 절감됐다.

자료 5-12 항목 과설계 검토

공동	No	제안 분야	제안명	금액(백만 원)			비고
				당초	변경	증감	
건축	1	계획	고객동 층고계획 변경	156	151	▲5	
	2	계획	생산동 옥상 파라펫 높이 변경	68	48	▲20	
	3	계획	폐수처리장. 유틸리동 con'c 외벽 계획 변경	132	105	▲27	
			소계			▲52	
구조	1	공법	경비동. 동력동 및 사무동 슬라브 공법 변경	170	143	▲27	
	2	계획	생산동 지상2층 및 지붕층 철골보 크기 및 배치계획 변경	39	27	▲12	
			소계			▲39	
기계	1	계획	각층 HALL 및 복도 에어컨 설치 계획 변경	31	0	▲31	
			소계			▲31	
전기	1	계획	변전실 수전설비 계획 변경	15	10	▲5	
	2	계획	변전실 개선용 콘덴서 용량 변경	18	6	▲12	
			소계			▲17	
총계						▲139	

이렇게 설계도면의 오류와 과설계된 내용을 아래와 같이 정리해서 최종도면이 나오기 전에 설계사무소로 다시 보내서 수정을 요청하는 것으로 설계도면 검토가 마무리된다.

자료 5-13 설계도면 검토사항 정리 1

도면번호	도면명	항목	설계내용	검토내용	반영확인 O	반영확인 △	반영확인 ×
AR–UT–D–71–A402	General Section–2	Control Room 단열기준	천정 및 벽제의 단열기준 미표기	천정(간접외기)			
각 동 입·단면도	사무동. 동력동. 생산동 평·단면도	용수공간 방수공법 변경	당초 : 액체방수 → 변경 : 우레탄 방수	– 액체방수는 주로 지하 내벽에 쓰이며 방수성능이 약함 우레탄 방수 상향 적용 요망			
AR–UT–D–71–A501	동력동 단면도	지하 단열재 침하 검토 필요	기둥 부의 하중에 의한 국부적인 침하 발생 우려(단열 부위 : →)	– 하부 단열재의 압축강도 및 침하량에 대한 검토 필요			
AR–UT–D–71–A501	동력동 단면도	램프 입구 침하 검토 필요	– 입구 램프 하단에 지내력 미명기로 추후 운영 시(장비 반입) 침하 예상	– 다짐 후 소요지내력 명기 또는 램프 부위 지정 혹은 기초 보강 추가			

자료 5-14 설계도면 검토사항 정리 2

도면번호	도면명	항목	설계내용	검토내용	반영확인 O	반영확인 △	반영확인 ×
AR–UT–D–71–A401	사무동 단면도	사무동 지하 방수공법 변경	– 외부 : 아스팔트 방수 – 내부 : 액체 방수	– 지하층의 심도가 낮고, 외부 아스팔트 방수로 방수성능을 충족할 것으로 사료되며 내부침투 방수는 방수 효과가 낮은 침투성 방수를 선정해서 제외			
AR–UT–D–71–A401	사무동 단면도	사무동 옥상 단열공법 변경	– 당초 : 외단열 → 변경 : 내단열	외단열 시공 시 하자 우려			
AR–UT–D–71–A401 AR–UT–D–71–A402	종·횡 단면도	컬러 Low–E 적용	T=24mm 컬러 Low–E 유리	– 유리의 두께와 Low–E (성능에 대해 재검토)			
AR–UT–D–71–A401	사무동 단면도	사무동 하부 단열재 추가 검토 필요		– DA에 의한 외기 유입에 따른 단열재 추가 필요			

이상으로 부동산 중개업자나 집장사들은 접근하지 못하는 정통 건축 기술자들의 설계관리 업무에 대해서 간략하게 살펴봤다.

물론, 모든 설계도면에서 이 정도의 과설계가 나오는 것은 아니고 특히 원룸 건물처럼 어느 정도 정형화된 건물의 경우에는 구조 과설계의 영향이 많지 않은 것이 사실이다.

단순하고 반복적인 건물, 정형화된 건물인 원룸 건물, 빌라 등은 설계 V.E(Value Engineering)로 절감되는 공사비를 찾기보다는 설계가 잘못된 부분을 찾는 데에 집중하는 것이 좋다. 하지만 설계를 진행할 때에 이런 사실, 즉 과설계, 도면오류가 있을 수 있다는 사실을 건축주가 안다는 것을 설계사무소에 전달만 해도 여러분의 원룸 건물을 설계하는 사람들이 무리한 과설계가 되거나 설계도면 오류를 최소화하는 데에 조금 더 신경을 쓰게 될 것이다.

이러한 설계도면의 오류가 공사 진행 중에 발견되면, 해결방법을 찾는 시간만큼 공사기간이 지연되고, 그만큼 은행이자 손해, 월세수입 지연이 발생하는 것이다. 만약, 단순하고 반복적인 건물에서 과설계 항목이나 설계오류 사항을 찾아낸다면, 그 금액은 꽤 크다.

왜냐하면 10세대면 한 가지 항목이 10세대에서 절감이 되는 것이고, 20세대면 20세대에서 절감되기 때문이다.

또 흔하지 않은 종류나 흔하지 않은 형태의 건물(예를 들면 공장, 창고, 상업시설 등)은 정형화되지 않았기 때문에 설계검토로 줄일 수 있는 공사비가 상대적으로 많아진다.

그런데, 일반적으로 원룸 건물이나 상가주택 등은 스케줄상 도면이 나오는 즉시 착공이 들어가는 경우가 대부분이다. 하루하루가 돈인데,

마냥 기다릴 시간이 없다.

그래서 원룸 건물 신축공사, 소형 신축사업에서는 설계를 진행할 때 동시 작업으로 설계검토도 같이 진행해야 한다.

설계사무소에서 도면작업을 할 때, 마냥 전화통만 쳐다보고 집에서 하염없이 기다리지 말고 설계가 진행될 때마다 방문해서 설계검토를 하기 바란다.

설계도면이 완성되고 나면 공사비를 견적 등을 통해서 산출하게 되는데, 사실 공사를 진행하면서 할 수 있는 공사비 절감이 3% 정도라면, 설계할 때 절감할 수 있는 것이 10% 정도 된다. 즉, 설계할 때 공사비 절감할 수 있는 것이 훨씬 많다는 뜻이다. 이것을 건축기술자들은 설계 V.E(Value Engineering)라고 부른다.

V.E(Value Engineering)

가치공학. 기능의 개선 향상에 의해 제품의 가치를 높이는 것이 특징이며 최저의 코스트로 최고의 기능을 실현하는 것이 목적이다.

설계 V.E는 전문적인 영역이라 설명하자면 매우 길다. 하지만 여러분이 준비하는 원룸 건물에 적용을 간단하게 해보자면, 설계 시 구조계산서가 나오면 그것을 곧이곧대로 믿지 말고 다시 검토해본다. 마감공사 부분에서도 동일 공사비로 더 좋은 것이 있는지, 동일 마감이라면 가치를 유지하면서 더 저렴한 것이 있는지, 공사기간을 줄일 수 있는 것이 있는지를 계속 확인해야 한다는 것이 요점이다.

설계가 아닌 그림을 그리는
설계사무소를 조심하라

많은 사람이 '건축사'와 '건축가'의 차이가 대체 무엇인지 궁금해한다. 먼저 건축사는 현행 법규를 적용해서 도면을 그리는 사람이 취득하는 국가가 인정한 자격 면허를 말한다. 적법하게 설계도면을 그릴 수 있는 자격 면허의 이름이 건축사 자격이다. 이 건축사 자격 면허를 취득한 사람을 건축사라고 한다.

그럼 건축가는 뭘까? 건축가란 자격의 유무와는 상관없이 건축을 예술로 승화시키는 사람이다. 바르셀로나의 사그라다 파밀리아 성당의 가우디나 스위스 출신의 프랑스 건축가인 르 꼬르뷔지에, 우리나라에서는 김수근 건축가 등이 대표적인데 이 사람들은 건축사라고 불리지 않고 건축가라고 불린다.

만약 여러분이 원룸 건물을 설계를 하는데, 건축가에게 설계 의뢰를 하게 되면 어떤 일이 생기게 될까?

자료 5-15 사그라다 파밀리아 성당

사그라다 파밀리아 성당을 보면, 딱 보기에도 공사비가 엄청나게 많이 들어갈 것 같지 않은가?

예전에 이런 일이 있었다. 인천에 위치한 한 건물에서 오랜 기간 산부인과 병원을 운영하던 원장님이 계셨다. 그런데 병원 건물주가 매년 임대료를 올렸고 나중에는 감당할 수 없을 정도의 임대료를 요구했다.

원장님은 평소에도 산모들이 아기를 낳고 마음 편하게 지낼 수 있는 조용하고 깔끔한 공간을 만들고 싶다는 생각을 하고 있다가, 이번 기회에 내 건물을 짓고 나가야겠다고 결심했다.

의대 여자 동기 남편이 설계사무소를 운영한다고 해서 아주 믿을만하다고 생각하고 설계를 부탁했고 얼마 뒤 마음에 쏙 드는 도면과 조감도가 나왔다.

설계를 하기 전에 공사비 예산 금액도 설계사무소 소장님에게 알려

줬고 그 분야 전문가니 알아서 잘해줬겠지 생각했는데, 소개받은 5군데 시공사가 모두 예산 금액보다 150%가 넘는 공사비를 제시했다. 하지만 원장님은 설계사무소 소장님이 공사비가 그렇게 많이 들지 않을 것이라고 하는 말만 믿고 공사를 강행했다. 결국 공사가 끝나고 나자 공사비는 처음에 시공사들이 제시했던 견적금액을 상회했다. 그리고 그로 인해 시공사와 설계사무소 등과 법적 다툼까지 가게 됐다.

여러분이 계획하고 있는 원룸 건물은 '예술작품'이 아니다. 처음 시작하는 나만의 건물이니 욕심이 생길 수도 있겠지만 가장 경제적인 설계와 시공방법으로 최소의 비용을 투입하는 것이 원룸 건물에 더 적합하다. 욕심이 난다면 이 책의 후반부에 나오는 특화공사 정도로 포인트만 주는 것을 추천한다. 그리고 '건축가'는 훗날 여러분이 노년을 보낼 내 집을 지을 때, 만나기를 바란다.

원룸 건물 신축 시
필요한 인허가 지식

건축허가의 흐름

　대부분의 건축주들이 건축설계가 마무리되고 건축허가를 접수하게
되면 그때부터 '설계사무소에서 알아서 해주겠거니'라는 안일한 생각을
하는데 이것은 잘못된 생각이다.

　여러분의 건물을 짓는 데에 여러분만큼 관심과 애정을 쏟는 사람은
존재하지 않는다. 원룸 건물 건축주라면 최소한의 인허가 절차와 흐름
을 숙지하고, 설계사무소에서 어느 단계를 진행하고 있는지 확인하고
인지하고 있어야 한다. 그래야 필요할 때는 건축주가 직접 나서서 담당
공무원과 담판도 지을 수 있다.

　먼저, 설계사무소에서는 설계도면이 완성이 되면 '세움터(https://
cloud.eais.go.kr)'라는 인터넷 사이트에 접속해서 건축허가를 접수를
하게 된다.

자료 6-1 세움터

세움터를 통해서 아래와 같은 허가접수에 필요한 서류와 도면들을 업로드하는데, 허가접수 시 필요서류는 건축법 시행규칙 제6조에 명시되어 있다.

건축법 시행규칙

제6조(건축허가 등의 신청) ①법 제11조제1항·제3항, 제20조제1항, 영 제9조제1항 및 제15조제8항에 따라 건축물의 건축·대수선 허가 또는 가설건축물의 건축허가를 받으려는 자는 별지 제1호의4서식의 건축·대수선·용도변경 (변경)허가 신청서에 다음 각 호의 서류를 첨부하여 허가권자에게 제출(전자문서로 제출하는 것을 포함한다)해야 한다. 이 경우 허가권자는 「전자정부법」 제36조제1항에 따른 행정정보의 공동이용(이하 "행정정보의 공동이용"이라 한다)을 통해 제1호의2의 서류 중 토지등기사항증명서를 확인해야 한다.

1. 건축할 대지의 범위에 관한 서류

    1의2. 건축할 대지의 소유에 관한 권리를 증명하는 서류. 다만, 다음 각 목의 경우에는 그에 따른 서류로 갈음할 수 있다.

가. 건축할 대지에 포함된 국유지 또는 공유지에 대해서는 허가권자가 해당 토지의 관리청과 협의하여 그 관리청이 해당 토지를 건축주에게 매각하거나 양여할 것을 확인한 서류

나. 집합건물의 공용부분을 변경하는 경우에는 「집합건물의 소유 및 관리에 관한 법률」 제15조제1항에 따른 결의가 있었음을 증명하는 서류

다. 분양을 목적으로 하는 공동주택을 건축하는 경우에는 그 대지의 소유에 관한 권리를 증명하는 서류. 다만, 법 제11조에 따라 주택과 주택 외의 시설을 동일 건축물로 건축하는 건축허가를 받아 「주택법 시행령」 제27조제1항에 따른 호수 또는 세대수 이상으로 건설·공급하는 경우 대지의 소유권에 관한 사항은 「주택법」 제21조를 준용한다.

1의3. 법 제11조제11항제1호에 해당하는 경우에는 건축할 대지를 사용할 수 있는 권원을 확보하였음을 증명하는 서류

1의4. 법 제11조제11항제2호 및 영 제9조의2제1항 각 호의 사유에 해당하는 경우에는 다음 각 목의 서류

가. 건축물 및 해당 대지의 공유자 수의 100분의 80 이상의 서면동의서: 공유자가 지장(指章)을 날인하고 자필로 서명하는 서면동의의 방법으로 하며, 주민등록증, 여권 등 신원을 확인할 수 있는 신분증명서의 사본을 첨부하여야 한다. 다만, 공유자가 해외에 장기체류하거나 법인인 경우 등 불가피한 사유가 있다고 허가권자가 인정하는 경우에는 공유자의 인감도장을 날인한 서면동의서에 해당 인감증명서를 첨부하는 방법으로 할 수 있다.

나. 가목에 따라 동의한 공유자의 지분 합계가 전체 지분의 100분의 80 이상임을 증명하는 서류

다. 영 제9조의2제1항 각 호의 어느 하나에 해당함을 증명하는 서류

라. 해당 건축물의 개요

1의5. 제5조에 따른 사전결정서(법 제10조에 따라 건축에 관한 입지 및 규모의 사전결정서를 받은 경우만 해당한다)

2. 별표 2의 설계도서(실내마감도는 제외하고, 법 제10조에 따른 사전결정을 받은 경우에는 건축계획서 및 배치도를 제외한다). 다만, 법 제23조제4항에 따른 표준설계도서에 따라 건축하는 경우에는 건축계획서 및 배치도만 해당한다.

3. 법 제11조제5항 각 호에 따른 허가 등을 받거나 신고를 하기 위하여 해당 법령에서 제출하도록 의무화하고 있는 신청서 및 구비서류(해당 사항이 있는 경우로 한정한다)

4. 별지 제27호의11서식에 따른 결합건축협정서(해당 사항이 있는 경우로 한정한다)

② 법 제16조제1항 및 영 제12조제1항에 따라 변경허가를 받으려는 자는 별지 제1호의4서식의 건축·대수선·용도변경 (변경)허가 신청서에 변경하려는 부분에 대한 변경 전·후의 설계도서와 제1항 각 호에서 정하는 관계 서류 중 변경이 있는 서류를 첨부하여 허가권자에게 제출(전자문서로 제출하는 것을 포함한다)해야 한다. 이 경우 허가권자는 행정정보의 공동이용을 통해 제1항제1호의2의 서류 중 토지등기사항증명서를 확인해야 한다.

건축법 시행규칙 제6조의 ①항은 토지의 소유권에 대한 확인을 가장 길게 설명하고 있다. 그만큼 토지의 소유권에 대한 확인이 중요하다는 반증이라 할 수 있겠다.

또한, 건축법 시행규칙 제6조의 별표2에 건축허가 접수 시에 필요한 설계도서를 명시해 놓았다.

■ **건축법 시행규칙 [별표 2]** <개정 2018. 11. 29.>

건축허가신청에 필요한 설계도서(제6조제1항 관련)

도서의 종류	도서의 축척	표시하여야 할 사항
건축계획서	임의	1. 개요(위치·대지면적 등) 2. 지역·지구 및 도시계획사항 3. 건축물의 규모(건축면적·연면적·높이·층수 등) 4. 건축물의 용도별 면적 5. 주차장규모 6. 에너지절약계획서(해당건축물에 한한다) 7. 노인 및 장애인 등을 위한 편의시설 설치계획서(관계법령에 의하여 설치의무가 있는 경우에 한한다)
배치도	임의	1. 축척 및 방위 2. 대지에 접한 도로의 길이 및 너비 3. 대지의 종·횡단면도 4. 건축선 및 대지경계선으로부터 건축물까지의 거리 5. 주차동선 및 옥외주차계획 6. 공개공지 및 조경계획

도서의 종류	도서의 축척	표시하여야 할 사항
평면도	임의	1. 1층 및 기준층 평면도 2. 기둥·벽·창문 등의 위치 3. 방화구획 및 방화문의 위치 4. 복도 및 계단의 위치 5. 승강기의 위치
입면도	임의	1. 2면 이상의 입면계획 2. 외부마감재료 3. 간판 및 건물번호판의 설치계획(크기·위치)
단면도	임의	1. 종·횡단면도 2. 건축물의 높이, 각층의 높이 및 반자높이
구조도 (구조안전 확인 또는 내진설계 대상 건축물)	임의	1. 구조내력상 주요한 부분의 평면 및 단면 2. 주요부분의 상세도면 3. 구조안전확인서
구조계산서 (구조안전 확인 또는 내진설계 대상 건축물)	임의	1. 구조계산서 목록표(총괄표, 구조계획서, 설계하중, 주요 구조도, 배근도 등) 2. 구조내력상 주요한 부분의 응력 및 단면 산정 과정 3. 내진설계의 내용(지진에 대한 안전 여부 확인 대상 건축물)
실내마감도	임의	벽 및 반자의 마감의 종류
소방설비도	임의	「소방시설설치유지 및 안전관리에 관한 법률」에 따라 소방관 서의 장의 동의를 얻어야 하는 건축물의 해당 소방 관련 설비

　이상과 같이 토지의 소유에 대한 사항, 건축하려는 건물에 대한 설계 도서를 세움터에 업로드하고 나서 관계기술자들, 즉 건축사, 구조기술 사, 전기, 설비 설계사들이 공인인증을 하고 최종 접수를 하게 된다.

　세움터에 건축허가가 접수되면 해당 관청에서 건축담당공무원이 접 수를 하고 내부결재 후 건축물의 성격에 맞는 관내, 관외의 유관부서에 '협의'를 보내서 허가 접수된 건축물을 허가를 내주어도 문제가 없는지 에 대한 의견을 첨부해서 건축과 담당공무원에게 회신을 하게 되고 이 상이 없으면 건축허가가 나게 되는 구조로 진행이 된다.

이때에 건물의 성격이나 규모에 따라서 협의를 보내는 유관부서의 개수가 달라지는데, 경미할 경우에는 4~5개의 유관부서, 초고층 건물과 같이 관련된 유관부서가 많은 경우에는 수십 군데의 협의부서 의견이 달리게 되는 것이다.

이 기간은 통상적으로 10일~15일 정도 소요되는데, 만약에 해당 부지가 임야나 농지여서 '개발행위허가'가 수반돼야 하는 부지라면 기간은 더 길어지게 된다.

공사진행 중에 설계의 변경사항이 생길 경우, 진행되는 설계변경 인허가나 공사가 완료된 후에 접수하는 사용승인신청도 이와 유사한 흐름으로 진행된다.

자료 6-2 건축허가의 흐름

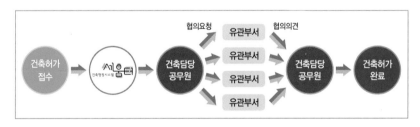

인허가는 4개만 알면 끝
(건축허가, 착공신고, 설계변경, 사용승인)

원룸 건물공사를 진행할 때에 수반되는 인허가는 크게 4가지인데, 건축허가, 착공신고, 설계변경허가, 사용승인이 그것이다.

간단하게 설명하자면, 건축허가는 앞 장에서 알아본 것과 같이 현행 법규에 맞게 설계도면을 그려서 대상토지 위에 계획된 건물을 짓겠으니 법적으로 위배되는 것이 없으면 허가를 해달라는 것이다. 착공신고는 기허가를 득한 건물을 짓기 시작하겠다고 관할 관청에 신고를 하는 것이며, 설계변경허가는 공사를 진행하던 중에 처음에 계획했던 것 중의 무엇인가를 변경해야 하니 허가를 달라는 것이다. 마지막으로 사용승인은 공사를 끝냈으니 적법하게 지었는지 검사하고 승인을 내달라고 요청하는 것이다.

착공신고를 건축법을 통해서 알아보면 다음과 같다.

건축법

제21조(착공신고 등) ① 제11조·제14조 또는 제20조제1항에 따라 허가를 받거나 신고를 한 건축물의 공사를 착수하려는 건축주는 국토교통부령으로 정하는 바에 따라 허가권자에게 공사계획을 신고하여야 한다. 다만, 「건축물관리법」 제30조에 따라 건축물의 해체 허가를 받거나 신고할 때 착공 예정일을 기재한 경우에는 그러하지 아니하다.

② 제1항에 따라 공사계획을 신고하거나 변경신고를 하는 경우 해당 공사감리자(제25조제1항에 따른 공사감리자를 지정한 경우만 해당된다)와 공사시공자가 신고서에 함께 서명하여야 한다.

③ 허가권자는 제1항 본문에 따른 신고를 받은 날부터 3일 이내에 신고수리 여부 또는 민원 처리 관련 법령에 따른 처리기간의 연장 여부를 신고인에게 통지하여야 한다.

④ 허가권자가 제3항에서 정한 기간 내에 신고수리 여부 또는 민원 처리 관련 법령에 따른 처리기간의 연장 여부를 신고인에게 통지하지 아니하면 그 기간이 끝난 날의 다음 날에 신고를 수리한 것으로 본다.

⑤ 건축주는 「건설산업기본법」 제41조를 위반하여 건축물의 공사를 하거나 하게 할 수 없다.

⑥ 제11조에 따라 허가를 받은 건축물의 건축주는 제1항에 따른 신고를 할 때에는 제15조제2항에 따른 각 계약서의 사본을 첨부하여야 한다.

건축법 제21조에 착공신고의 절차와 첨부서류를 명시해 놓았는데, 건축주인 여러분이 숙지하고 챙겨야 할 사항은 ⑥항이 되겠다. ⑥항에서 '제15조제2항에 따른 각 계약서의 사본을 첨부'하라고 되어 있는데, 법조문을 보자.

제15조(건축주와의 계약 등) ① 건축관계자는 건축물이 설계도서에 따라 이 법과 이 법에 따른 명령이나 처분, 그 밖의 관계 법령에 맞게 건축되도록 업무를 성실히 수행하여야 하며, 서로 위법하거나 부당한 일을 하도록 강요하거나 이와 관련하여 어떠한 불이익도 주어서는 아니 된다.

② 건축관계자 간의 책임에 관한 내용과 그 범위는 이 법에서 규정한 것 외에는 건축주와 설계자, 건축주와 공사시공자, 건축주와 공사감리자 간의 계약으로 정한다.

③ 국토교통부장관은 제2항에 따른 계약의 체결에 필요한 표준계약서를 작성하여 보급하고 활용하게 하거나 「건축사법」 제31조에 따른 건축사협회(이하 "건축사협회"라 한다), 「건설산업기본법」 제50조에 따른 건설사업자단체로 하여금 표준계약서를 작성하여 보급하고 활용하게 할 수 있다.

중요한 부분을 간단하게 설명하자면, 건축주는 착공신고를 할 때에 건축관계자, 즉 설계자, 공사시공자, 공사감리자와의 계약서를 작성하고 사본을 첨부해야 한다는 것이다.

이 내용은 누가 따로 알려주는 것이 아니므로 건축주가 미리 숙지하고 준비를 해놓아야 한다. 착공신고는 통상 공사시공자가 도급계약으로 정해진 경우에는 공사시공자가 착공신고를 접수하지만 원룸 건물과 같은 소규모 공사에서는 설계사무소에서 착공신고를 주관하는 경우가 많다. 설계사무소나 공사시공자와 계약을 하기 전에 착공신고 접수를 누가 할 것인지에 대해서 명확하게 해 놓을 필요가 있다.

이제 설계변경허가에 대해서 알아보자. 설계변경허가에 대해서 건축법에서는 다음과 같이 기재하고 있다.

건축법

제16조(허가와 신고사항의 변경) ① 건축주가 제11조나 제14조에 따라 허가를 받았거나 신고한 사항을 변경하려면 변경하기 전에 대통령령으로 정하는 바에 따라 허가권자의 허가를 받거나 특별자치시장·특별자치도지사 또는 시장·군수·구청장에게 신고하여야 한다. 다만, 대통령령으로 정하는 경미한 사항의 변경은 그러하지 아니하다.

② 제1항 본문에 따른 허가나 신고사항 중 대통령령으로 정하는 사항의 변경은 제22조에 따른 사용승인을 신청할 때 허가권자에게 일괄하여 신고할 수 있다.

③ 제1항에 따른 허가 사항의 변경허가에 관하여는 제11조제5항 및 제6항을 준용한다.

④ 제1항에 따른 신고 사항의 변경신고에 관하여는 제11조제5항·제6항 및 제14조제3항·제4항을 준용한다

앞의 법조문을 간략하게 정리하자면 설계변경허가를 받으려면 건축허가를 접수할 때와 같은 절차를 밟으라는 것이다.

'③ 제1항에 따른 허가 사항의 변경허가에 관해서는 제11조제5항 및 제6항을 준용한다'에서 제11조제5항 및 제6항이 바로 '건축허가'에 대한 내용이다.

그리고 건축주인 여러분이 한 가지 알고 넘어가야 하는 것이 ①항에서 언급이 되고 있는 '바로 대통령령으로 정하는 경미한 사항의 변경은 그러하지 아니하다'에서 나오는 경미한 사항의 변경에 해당하는 것인데, '경미한 사항'이라는 것은 아래와 같다.

건축법시행령

제12조(허가·신고사항의 변경 등)

~ 중략 ~

③ 법 제16조제2항에서 "대통령령으로 정하는 사항"이란 다음 각 호의 어느 하나에 해당하는 사항을 말한다.

1. 건축물의 동수나 층수를 변경하지 아니하면서 변경되는 부분의 바닥면적의 합계가 50제곱미터 이하인 경우로서 다음 각 목의 요건을 모두 갖춘 경우

   가. 변경되는 부분의 높이가 1미터 이하이거나 전체 높이의 10분의 1 이하일 것

나. 허가를 받거나 신고를 하고 건축 중인 부분의 위치 변경범위가 1미터 이
내일 것

다. 법 제14조제1항에 따라 신고를 하면 법 제11조에 따른 건축허가를 받은
것으로 보는 규모에서 건축허가를 받아야 하는 규모로의 변경이 아닐 것

2. 건축물의 동수나 층수를 변경하지 아니하면서 변경되는 부분이 연면적 합계
의 10분의 1 이하인 경우(연면적이 5천 제곱미터 이상인 건축물은 각 층의
바닥면적이 50제곱미터 이하의 범위에서 변경되는 경우만 해당한다). 다만,
제4호 본문 및 제5호 본문에 따른 범위의 변경인 경우만 해당한다.

3. 대수선에 해당하는 경우

4. 건축물의 층수를 변경하지 아니하면서 변경되는 부분의 높이가 1미터 이하
이거나 전체 높이의 10분의 1 이하인 경우. 다만, 변경되는 부분이 제1호 본
문, 제2호 본문 및 제5호 본문에 따른 범위의 변경인 경우만 해당한다.

5. 허가를 받거나 신고를 하고 건축 중인 부분의 위치가 1미터 이내에서 변경되
는 경우. 다만, 변경되는 부분이 제1호 본문, 제2호 본문 및 제4호 본문에 따
른 범위의 변경인 경우만 해당한다.

④ 제1항에 따른 허가나 신고사항의 변경에 관하여는 제9조를 준용한다.

첫 번째가 면적의 경우인데, '변경되는 부분의 바닥면적의 합계가 50제
곱미터 이하인 경우'로서 '가. 변경되는 부분의 높이가 1미터 이하이거나
전체 높이의 10분의 1 이하일 것, 나. 허가를 받거나 신고를 하고 건축
중인 부분의 위치 변경범위가 1미터 이내일 것'을 숙지하도록 한다.

두 번째로 높이의 경우인데, '변경되는 부분의 높이가 1미터 이하이
거나 전체 높이의 10분의 1 이하인 경우'를 숙지하면 되겠다.

세 번째로 건물의 위치에 대한 경우인데, 위치가 1미터 이내에서 변
경되는 경우다. 앞서 언급한 '건축법시행령 제12조의 경미한 사항의 변
경'을 넘어가지 않는 경우라면 사용승인을 신청할 때에 '경미한 변경사
항'으로 사용승인 시 일괄처리가 가능하다. 이 범위를 숙지하고 있으면
공사를 진행할 때에 여러모로 편리하다.

이제 모든 인허가의 최종단계인 '사용승인'에 대해서 알아보자. 사용승인은 법조문에 아래와 같이 명기되어 있다.

건축법

제22조(건축물의 사용승인) ① 건축주가 제11조·제14조 또는 제20조제1항에 따라 허가를 받았거나 신고를 한 건축물의 건축공사를 완료[하나의 대지에 둘 이상의 건축물을 건축하는 경우 동(棟)별 공사를 완료한 경우를 포함한다]한 후 그 건축물을 사용하려면 제25조제6항에 따라 공사감리자가 작성한 감리완료보고서(같은 조 제1항에 따른 공사감리자를 지정한 경우만 해당된다)와 국토교통부령으로 정하는 공사완료도서를 첨부하여 허가권자에게 사용승인을 신청하여야 한다.

② 허가권자는 제1항에 따른 사용승인신청을 받은 경우 국토교통부령으로 정하는 기간에 다음 각 호의 사항에 대한 검사를 실시하고, 검사에 합격된 건축물에 대하여는 사용승인서를 내주어야 한다. 다만, 해당 지방자치단체의 조례로 정하는 건축물은 사용승인을 위한 검사를 실시하지 아니하고 사용승인서를 내줄 수 있다.

　1. 사용승인을 신청한 건축물이 이 법에 따라 허가 또는 신고한 설계도서대로 시공되었는지의 여부

　2. 감리완료보고서, 공사완료도서 등의 서류 및 도서가 적합하게 작성되었는지의 여부

③ 건축주는 제2항에 따라 사용승인을 받은 후가 아니면 건축물을 사용하거나 사용하게 할 수 없다. 다만, 다음 각 호의 어느 하나에 해당하는 경우에는 그러하지 아니하다.

　1. 허가권자가 제2항에 따른 기간 내에 사용승인서를 교부하지 아니한 경우

　2. 사용승인서를 교부받기 전에 공사가 완료된 부분이 건폐율, 용적률, 설비, 피난·방화 등 국토교통부령으로 정하는 기준에 적합한 경우로서 기간을 정하여 대통령령으로 정하는 바에 따라 임시로 사용의 승인을 한 경우

④ 건축주가 제2항에 따른 사용승인을 받은 경우에는 다음 각 호에 따른 사용승인·준공검사 또는 등록신청 등을 받거나 한 것으로 보며, 공장건축물의 경우에는 「산업집적활성화 및 공장설립에 관한 법률」 제14조의2에 따라 관련 법률의 검사 등을 받은 것으로 본다.

　1. 「하수도법」 제27조에 따른 배수설비(排水設備)의 준공검사 및 같은 법 제37조에 따른 개인하수처리시설의 준공검사

　2. 「공간정보의 구축 및 관리 등에 관한 법률」 제64조에 따른 지적공부(地籍公

簿)의 변동사항 등록신청

3. 「승강기 안전관리법」 제28조에 따른 승강기 설치검사
4. 「에너지이용 합리화법」 제39조에 따른 보일러 설치검사
5. 「전기안전관리법」 제9조에 따른 전기설비의 사용전검사
6. 「정보통신공사업법」 제36조에 따른 정보통신공사의 사용전검사
7. 「도로법」 제62조제2항에 따른 도로점용 공사의 준공확인
8. 「국토의 계획 및 이용에 관한 법률」 제62조에 따른 개발 행위의 준공검사
9. 「국토의 계획 및 이용에 관한 법률」 제98조에 따른 도시·군계획시설사업의 준공검사
10. 「물환경보전법」 제37조에 따른 수질오염물질 배출시설의 가동개시의 신고
11. 「대기환경보전법」 제30조에 따른 대기오염물질 배출시설의 가동개시의 신고
12. 삭제 〈2009. 6. 9.〉

⑤ 허가권자는 제2항에 따른 사용승인을 하는 경우 제4항 각 호의 어느 하나에 해당하는 내용이 포함되어 있으면 관계 행정기관의 장과 미리 협의하여야 한다.
⑥ 특별시장 또는 광역시장은 제2항에 따라 사용승인을 한 경우 지체 없이 그 사실을 군수 또는 구청장에게 알려서 건축물대장에 적게 하여야 한다. 이 경우 건축물대장에는 설계자, 대통령령으로 정하는 주요 공사의 시공자, 공사감리자를 적어야 한다

　　건축법 제22조에 사용승인에 대한 내용이 나오는데 특히 ④항에 '건축주가 제2항에 따른 사용승인을 받은 경우에는 다음 각 호에 따른 사용승인·준공검사 또는 등록신청 등을 받거나 한 것으로 보며'라고 쓰여져 있으며 그 아래에 '하수도법', '공간정보의구축및관리등에관한법률', '승강기안전관리법', '에너지이용합리화법' 등 법규에 대해서 언급이 된다. 여기에 명기된 많은 법규에 대한 내용을 '사용승인' 신청한 이후에 확인하는 것으로 착각해서는 안 된다.

　　공사 시공 중에 여기에 명기된 많은 법규에 해당하는 각각의 공사를 완료하고 각각의 주무관청에서 '완료필증'을 교부받은 다음에 사용승인

신청을 할 때, 첨부하는 것이다.

즉 사용승인신청을 받은 후 담당공무원들은 각각의 필증이 첨부됐는지를 확인하는 것이지, 사용승인을 접수한 이후에 각각의 법령과 연관된 공사가 됐는지를 확인하는 것이 아니라는 이야기다.

기억해야 할 사항은 '사용승인 접수 전'에 건축법 제22조에 언급된 제반 관련 법령에 맞는 공사가 끝나고 '필증'까지 수령한 후 사용승인 접수할 때, '첨부'해야 한다는 것이다.

내 땅이 대지가 아니라면, 개발행위허가

우리나라는 28개의 지목이 있다. 그중에 건축물이 지어져 있거나 지을 수 있는 땅의 지목은 '대지', '창고용지', '공장용지' 등인데, 지방에서는 지목이 '임야'나 '전', '답'으로 되어 있는 땅에 건물을 짓는 경우가 생기게 된다.

자료 6-3 토지의 형질변경

출처 : 토지이용계획열람, 토지이음

이렇게 현재 지목이 임야나 전, 답인 땅에 건축물을 지으려면 건축허가와는 별개로 개발행위허가를 받아야 한다.

개발행위허가를 받아야 하는 사항은 아래와 같다.

국토의 계획 및 이용에 관한 법률 시행령

제51조(개발행위허가의 대상) ①법 제56조제1항에 따라 개발행위허가를 받아야 하는 행위는 다음 각 호와 같다.

　1. 건축물의 건축 : 「건축법」 제2조제1항제2호에 따른 건축물의 건축

　2. 공작물의 설치 : 인공을 가하여 제작한 시설물(「건축법」 제2조제1항제2호에 따른 건축물을 제외한다)의 설치

　3. 토지의 형질변경 : 절토(땅깎기)·성토(흙쌓기)·정지·포장 등의 방법으로 토지의 형상을 변경하는 행위와 공유수면의 매립(경작을 위한 토지의 형질변경을 제외한다)

　4. 토석채취 : 흙·모래·자갈·바위 등의 토석을 채취하는 행위. 다만, 토지의 형질변경을 목적으로 하는 것을 제외한다.

　5. 토지분할 : 다음 각 목의 어느 하나에 해당하는 토지의 분할(「건축법」 제57조에 따른 건축물이 있는 대지는 제외한다)

　　가. 녹지지역·관리지역·농림지역 및 자연환경보전지역 안에서 관계법령에 따른 허가·인가 등을 받지 아니하고 행하는 토지의 분할

　　나. 「건축법」 제57조제1항에 따른 분할제한면적 미만으로의 토지의 분할

　　다. 관계 법령에 의한 허가·인가 등을 받지 아니하고 행하는 너비 5미터 이하로의 토지의 분할

　6. 물건을 쌓아놓는 행위 : 녹지지역·관리지역 또는 자연환경보전지역안에서 건축물의 울타리안(적법한 절차에 의하여 조성된 대지에 한한다)에 위치하지 아니한 토지에 물건을 1월 이상 쌓아놓는 행위

② 법 제56조제1항제2호에서 "대통령령으로 정하는 토지의 형질변경"이란 조성이 끝난 농지에서 농작물 재배, 농지의 지력 증진 및 생산성 향상을 위한 객토나 정지작업, 양수·배수시설 설치를 위한 토지의 형질변경으로서 다음 각 호의 어느 하나에 해당하지 않는 형질변경을 말한다.

　1. 인접토지의 관개·배수 및 농작업에 영향을 미치는 경우

2. 재활용 골재, 사업장 폐토양, 무기성 오니 등 수질오염 또는 토질오염의 우려
   가 있는 토사 등을 사용하여 성토하는 경우. 다만, 「농지법 시행령」 제3조의2
   제2호에 따른 성토는 제외한다.
3. 지목의 변경을 수반하는 경우(전·답 사이의 변경은 제외한다)
4. 옹벽 설치(제53조에 따라 허가를 받지 않아도 되는 옹벽 설치는 제외한다) 또
   는 2미터 이상의 절토·성토가 수반되는 경우. 다만, 절토·성토에 대해서는 2
   미터 이내의 범위에서 특별시·광역시·특별자치시·특별자치도·시 또는 군
   의 도시·군계획조례로 따로 정할 수 있다.

자료 6-4 개발행위허가 대상

출처 : 토지이용계획열람, 토지이음

개발행위허가는 임야를 다른 지목으로 변경하는 산지전용과 전, 답
과 같은 농지를 다른 지목으로 변경하는 농지전용이 대표적인데 절차
는 비슷하고 다만 허가 접수 후에 '협의부서'에서 약간의 차이가 있다.

개발행위허가, 산지전용, 농지전용이 필요한 지역에서 원룸 건물공
사를 진행하는 건축주라면, 토지를 매입하기 전에 이러한 개발행위허

자료 6-5 산지의 범위

보전산지   준보전산지

'산지'의 범위는
① 입목·죽이 집단적으로 생육하고 있는 토지
② 집단적 생육한 입목·죽이 일시 상실된 토지
③ 입목·죽의 집단적 생육에 사용하게 된 토지
④ 임도, 작업로 등 산길

출처 : 토지이용계획열람, 토지이음

자료 6-6 농지전용

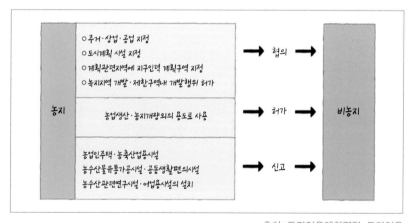

농지

○ 주거·상업·공업 지정
○ 도시계획 시설 지정
○ 계획관리지역에 지구인적 계획구역 지정
○ 녹지지역 개발·제한구역내 개발행위 허가
→ 협의 →

농업생산·농지개량외의 용도로 사용
→ 허가 →

농업인주택·농축산업용시설
농수산물유통가공시설·공동생활편의시설
농수산관련연구시설·어업용시설의 설치
→ 신고 →

비농지

출처 : 토지이용계획열람, 토지이음

가가 원만하게 진행이 되는 곳인지를 반드시 확인을 한 후에 토지를 매입해야 한다. 또한 건물을 짓기 위한 각종 인허가에서도 일반적인 대지에서 건축 인허가를 진행할 때보다 훨씬 많은 시간이 소요되는 것을 감안하고 사업계획을 세워야 한다.

원룸 건물 신축 시 우량 시공사를 찾는 노하우

당신이 아는 건축업자는
건축 기술자가 아니다

우리나라에서 건설회사를 차리려면 어떤 자격 조건을 갖춰야 할까? 사람들이 건강에 이상이 생기면 병원에 간다. 의원이라고 쓰여있는 병원보다는 이왕이면 '내과전문의'나 '안과전문의'처럼 아픈 곳을 전문으로 하는 병원을 찾게 되는 것은 당연하다. 그리고 그런 전문병원을 개업하려면 당연하게 '전문의 자격면허'를 취득해야 한다.

사람들이 중요한 행사가 있어서 머리를 단정하게 하고자 미용실을 방문한다. 미용실에는 많은 미용사가 있지만, 미용실을 개업할 수 있는 사람은 국가에서 인정한 '미용사 자격면허'가 있는 사람이다.

전문적인 일을 하는 직종은 모두 다 마찬가지다. 안경점을 차리려면 '안경사 자격면허'가 있어야 하고, 법무사사무실을 개업하려면 '법무사 자격면허'가 있어야 하고 병원을 차리려면 '의사면허'가 있어야 하는 것은 너무 당연한 일이다.

건축과 관련된 일도 마찬가지다. 설계를 전문적으로 하는 설계사무소를 개업하려면 '건축사 자격면허'가 있어야 하고 구조설계를 하려면 '구조기술사 자격면허'가 있어야 한다.

설계도면을 안전하고 품질을 준수하면서 정해진 원가와 공사기간 안에 현실로 형상화하는 작업인 건축시공도 마찬가지로 '전문 자격면허'가 있다.

그런데, 안경점, 미용실은 국가에서 인정한 자격면허가 있어야 개업이 가능한 데 반해서, 건설회사를 차리는 사람은 아무런 자격면허가 없어도 된다는 사실을 알고 있는가? 공사 중에 공학적인 지식을 이용해서 설계도면의 그림을 현실로 구현하는 전문기술이자 심지어 잘못된 시공으로 국민의 생명이 위험할 수도 있는 건축시공 개업이 자격면허 없이 가능하다.

법무사, 안경사나 미용사가 개업하려면 반드시 자격면허가 있어야 하지만 건물을 짓는 건설회사는 자격면허가 없어도 돈만 있으면 회사를 차릴 수 있다는 말이다. 물론 건설회사를 차릴 때, '기술자를 몇 명 고용해야 한다'는 조건이 있기는 하다. 그런데 만약 여러분이 건설회사를 차린 사람이라면 자기가 고용하고 있는, 자기한테 월급을 받는 부하 직원이 바른 얘기, 옳은 얘기를 한다고 해서 회사가 손해를 보는 일을 과연 하겠는가?

우리나라 건설현장의 안전사고, 수많은 하자, 일용직 노동자들의 고위험 저임금에 대한 문제들이 여기에서 비롯된다.

바로 장사꾼들이 건설회사 사장을 할 수 있도록 만들어진 '법' 때문이다. 왜 법이 이렇게 만들어졌을까?

대한민국이 건국되고 대한민국의 법들이 제정될 당시는 이미 장사꾼들이 건설회사를 운영하고 있었던 시기였다.

해방 후, 6·25전쟁 시점에 많은 건설수요로 인해서 막대한 이득이 생기고 있는 건설회사를 가지고 있는 장사꾼들이 '건축기술사 자격면 허'를 가지고 있는 사람만 건설회사를 차릴 수 있는 법이 만들어지는 것을 과연 보고만 있었을까?

이렇게 대한민국의 건설업은 이상하게 시작이 됐다. 그래서 안경점, 미용실, 변호사사무실을 차리려면 자격증이 있어야 하지만 건설사를 차리는 데는 돈만 있으면 되는, 즉 장사꾼들이 건설사를 차리는 데 아무런 제약이 없어진 것이다. 지금도 장사꾼들이 건설사를 차리는 것이 제도적으로 아무 문제가 없다.

여러분의 원룸 건물 건축을 동대문에서 옷장사를 하던 사람이 대표로 있는 건설회사나 부동산 중개사무소에서 부동산 중개를 하던 사람이 대표로 있는 건설회사에 맡기고 싶은가?

건설사에 기술자들이 있다고 하지만, 그들도 어쩔 수 없이 '장사꾼' 출신인 건설사 대표의 지시를 받는 사람들일 뿐이다. 대표가 하라면 기술적으로, 안전에 문제가 있다고 판단이 되어도 할 수밖에 없다는 뜻이다.

우리나라에서 발생하는 건설 관련 재해, 비리, 부실은 모두 여기에서 비롯된다. 여러분은 원룸 건물을 지을 건설사를 선정할 때에 '장사꾼'이 대표로 있는 곳을 피하고 진짜 '건축기술자'가 대표로 있는 건설사를 찾아서 시공을 맡기길 바란다.

원룸 건물 실패의 대부분은
시공사 선정을 잘못해서다

많은 고민과 시간을 투자해서 건축도면이 완성이 됐다면 이제는 가장 중요한 시공사를 선정해야 한다.

이 시공사를 선정하기 전에 먼저 건축주인 여러분이 알고 있어야 하는 사항은 '시공사로 인해서 발생되는 문제들이 어떤 것들이 있는가'다.

시공사로 인해서 발생하는 문제들이 어떤 것들이 있는지 알아야 그에 대한 대비책을 세울 수 있기 때문이다.

공사 중 시공사로 인해서 가장 많이 발생하는 문제 다섯 가지는 다음과 같다. 첫 번째 공사비 증가, 두 번째 공사기간 지연, 세 번째 부실시공, 네 번째 안전사고, 여기에 도심지 공사의 경우에는 다섯 번째로 민원관리를 추가할 수 있다.

🏠 공사비 증가

공사비가 증가하는 사유는 다양하다. 건축주의 변경 요청, 또는 추가 요청으로 인한 공사비 증가가 가장 대표적인 것이다. 또 건물을 짓기 전에 추정을 했던 땅의 상태와 공사를 착수해서 땅을 파보니 땅속에 암석이나, 진흙층이 있는 등 실제의 상태와 달라서 생각지도 않았던 공사비가 추가로 늘어나는 경우도 있다. 또 도면이 잘못되어 공사를 진행하다가 수정해서 공사비가 증가하는 경우 등 종류도 다양하다.

그래서 일반적으로 기업들은 건설회사와 계약을 하고 건물을 지을 때는 추가적으로 발생하는 공사비 증가에 대비하기 위해서 예비비라는 항목을 책정해놓는다. 통상적으로 전체 공사비의 3%나 5% 정도를 책정하는 것이 일반적이다.

공사 중에 설계변경이나 다른 어떤 사유로 인해서 공사비가 증가하더라도 당황하지 않고 즉시 대응하기 위해서 처음부터 예비비를 확보하는 것이다. 여러분도 공사비 외에 3%~5% 정도의 여유자금은 남겨놓고 피치 못할 설계변경이나 예상치 못했던 추가비용에 대처하길 바란다.

그런데, 이러한 피치 못할 공사비의 증가는 건물을 짓기 위해서 불가피하게 발생하는 것이지만 여러분이 정말 조심해야 하는 것은 '건축주가 건축에 대해서 모른다는 것을 이용해서 시공자가 추가적인 공사비를 요구'하는 것이다.

일부 몰지각한 악덕 시공업자들은 '계약할 때에 그것은 빠져 있었다'라고 말하며 추가공사비를 요구한다든가, '저가의 자재를 사용하려고 했다'면서 고가의 자재를 사용하려면 자재비가 더 든다고 말한다. 아니면 아예 건축주에게 얘기하지도 않고 저가의 자재를 쓴다(50인치 TV를 보더라도 10만 원대부터 100만 원대가 있다는 것을 여러분도 잘 알고 있으리라. 공사 자재도 마찬가지이다).

이렇게 일반인들은 생각지도 못한 방법으로 공사비를 추가하거나 싸게 공사를 하려고 한다. 필자에게 이와 유사한 사례로 상담을 요청하셨던 분이 있었는데, 그 내용이 다음과 같다.

상담자가 50대 자영업자였는데, 상담자의 어머니가 오랫동안 사시던 휘경동의 단독주택을 철거하고 원룸 건물을 짓기로 했다. 어머니는 그 동네에서 오래 사셨기 때문에 동네의 부동산 중개사무소 여사장을 잘 알고 지냈고 그 부동산 중개사무소 여사장님이 시공사를 소개했다고 한다.

상담자도 나름대로 시공사를 찾아봤는데, 어머니가 소개받은 시공사는 평당 500만 원에 공사를 할 수 있다고 했고, 상담자가 알아본 시공사의 공사금액은 평당 600만 원이었다고 한다. 정식 계약서를 쓰지는 않았지만 어머니가 강력하게 주장을 하시고 공사비도 평당 100만 원이나 저렴했기 때문에 부동산 중개사무소 여사장에게 소개받은 시공사와 일을 진행하기로 했다. 그런데, 계약서를 작성할 때 그 시공사에서 이렇게 이야기를 했다.

① 평당 공사비는 500만 원인데, 전체 면적이 100평이 안 되는 경우, 100평을 기준으로 한다(그 원룸 건물은 85평).
② 서비스 면적(허가면적 외에 발코니 확장 등의 면적)은 추가로 돈을 더 줘야 한다.

③ 반지하 공사를 하기 위한 토목공사비 5천만 원은 별도다.

상담자가 이 시공사로 결정하게 된 가장 큰 이유가 '평당 500만 원'이라는 점이었는데, 시공사에서 요구하는 세 가지를 포함해서 계산하면 상담자가 알아본 공사금액인 평당 600만 원을 훨씬 뛰어넘는 금액이 나온다. 그래도 시공사는 평당 500만 원에 공사를 한 것이라고 떠들고 다닌다.

이 시공사는 앞으로도 만나는 사람들에게 처음에는 싼값을 이야기하고 자기들이 공사를 확실하게 하게 됐을 때 '견적에 포함 안 됨'이라고 하면서 추가로 공사비를 올려달라고 할 것이다. 그리고 그 시점은 다른 시공사를 찾기에는 너무 늦어버린 시기일 것이다. 이 책을 읽고 있는 여러분은 이런 수법에 넘어가지 않기를 바란다.

🏠 공사기간 증가

공사기간이 지연되면 건축주에게 어떤 손실이 발생이 되는지는 앞에서 언급했다. 대표적으로 대출이자 등 금융비용이 증가하고 준공이 지연되는 만큼 월세, 보증금 등의 사업소득 손실 등이 발생한다.

큰 틀에서 보자면, 공사 중에 생기게 되는 1~2백만 원의 공사비 증가보다도 건축주 여러분들에게는 금전적으로 더 큰 손실을 가져오는 것이 바로 공사기간의 지연이다.

공사기간이 증가되는 이유는 두 가지로 나뉘는데, 한 가지는 건축주 즉 여러분이 원해서 공사내용 중 어떤 것을 변경했기 때문에 발생이 되는 경우고 다른 하나는 시공자의 잘못으로 인해서 공사기간이 지연되는 경우다.

첫 번째인 건축주가 요청한 변경사항을 반영하기 위해서 공사기간이 지연이 되는 경우를 방지하기 위해서는 다음과 같은 절차를 시행하시기 바란다.

건축주인 여러분이 원룸 건물의 시공 중에 설계변경을 요청하는 경우를 예를 들어보자. 원룸 두 개를 투룸 하나로 변경하거나 현관문이나 내부의 문 위치를 변경하거나 화장실의 위치나 세면대, 양변기의 위치를 바꾸거나 마감자재를 타일에서 석재로 바꾸는 등의 여러 가지 경우가 있다.

이런 일이 발생하는 이유는, 건축주인 여러분이 설계도면을 머릿속으로 형상화해본 적이 없었기 때문에 도면이 눈앞에 현실로 완성이 된 후에야 이것이 내가 생각하던 것인지 아니면 내가 생각하던 결과물과 다르게 되었는지 알게 되기 때문이다.

이럴 때 건축주인 여러분은 시공자에게 물어봐야 한다. 먼저 해당 부위의 공사가 아직 진행되기 전이라면, "원룸 두 개를 투룸 하나로 변경하고 싶은데, 언제까지 결정을 해주면 추가공사비나 공사기간의 지연 없이 작업을 연속적으로 진행할 수 있는가?"라고 물어본다.

만약 해당 부위의 공사가 이미 진행된 상태라면, "원룸 두 개를 투룸 하나로 변경하고 싶은데, 추가되는 공사비와 공사기간을 산정해서 알려주시오"라고 말한다.

제일 좋은 것은 해당 부위의 공사가 아직 진행되기 전에 결정하는 것이지만, 만약에 해당 부위의 공사가 이미 진행이 되었다면 반드시 수정공사를 시작하기 전에 추가되는 공사비와 공사기간을 확답받아 놓고 시작해야 한다.

건축주인 여러분의 요청에 의해서 공사기간이 지연이 된 것이라면 다행이다. 하지만 문제는 시공사의 잘못으로 공사가 지연되는 경우다. 예를 들면 자재수급 일정을 못 맞췄다든가, 작업 인원을 제때 수배하지 못해서 현장에서 공기손실(일명 '데마')을 초래한다든가 하는 경우다.

이런 경우는 건축주인 여러분의 잘못이 아니기 때문에 시공사에서 공기만회 대책을 세워서 돌관공사를 진행하는 등의 방법으로 공사기간을 맞춰줘야 하는 것이다.

공사를 착수하기 전, 시공사와 계약을 체결할 때에 반드시 공사기간이 시공사의 원인으로 인해서 지연될 경우의 손해배상, 즉 지체상금에 대해서 명확하게 해야 한다.

🏠 부실공사

공사 중 시공사로 인해서 발생하는 문제 세 번째는 부실공사 문제이다. 건축공사는 수백 수천 가지의 재료를 사용해서 수백 명의 작업자가 손으로 하나하나 만들어낸 것이기 때문에 기본적으로 하자가 100% 없을 수가 없다.

하지만 있어서는 안 되는 하자도 있다. 그것은 바로 구조적인 하자다. 대부분의 초보 건축주들은 공사가 마무리된 후에 타일이 떨어진다든가 페인트칠이 얼룩이 있다든지 하는 눈에 보이는 하자에 대해서 민감하게 반응을 한다. 그러나 건축주인 여러분이 조심하고 관리를 해야 하는 부분은 공사가 끝났을 때 눈으로 볼 수 있는 곳에 있는 하자가 아니고 눈으로 볼 수 없는, 즉 매몰되는 부분의 하자를 조심해야 한다.

매몰되는 부분을 예를 들어보면, 철근배근, 기초하부의 지정공사, 집수정, 단열재 시공, 건물 내부를 관통하는 우수, 오수 배관, 전기 배관, 인터넷 통신선, 건물외부의 땅속에 시공되는 우수, 오수 배관, 전기인입공사 등이 있다.

이러한 매몰되는 부분은 눈에 보이는 부분과 다르게 하자가 발생이 되면 어느 부위에서 문제가 생겼는지 확인하는 데만 며칠이 소요되기도 하고 어떤 경우에는 찾지 못하고 임시방편식으로 하자보수를 할 수밖에 없는 상황이 오기도 한다.

공사시공 중에는 시공사에게 공사를 일임했다고 하더라도 준공 이후에는 건축주인 여러분이 유지관리를 해야 하므로 특히 이러한 매몰되는 부분의 공사가 진행될 때에는 반드시 현장에서 감독을 해야 한다.

그리고 시공사와 공사도급 계약을 체결할 때에 하자보수와 하자이행에 대해서 하자이행보증금이나 하자이행 증권을 반드시 계약서에 명기를 해놓아야 함은 물론이다. 그리고, 공사 마지막 잔금을 송금할 때는 반드시 하자이행보증금이나 하자이행 증권의 수령을 확인하고 송금하도록 하자.

🏠 안전사고

공사 중 시공사로 인해서 발생되는 문제 네 번째는 안전사고다. 현장에서 공사 중에 발생하는 각종 안전사고에 대해서는 시공사에서 가입한 산재보험 등으로 처리가 된다. 원칙적으로 건축주는 수급인, 즉 공사 시공자에게 관리에 대한 권한과 책임을 위임을 한 것이기 때문에 시공 중에 발생되는 각종 사고에 대한 책임이 건축주에게 있다고 볼 수는 없다.

하지만 중대재해에 대해서는 다르다. 근래에 38명의 인명을 앗아간 이천물류센터 현장의 화재사고나 서울 도심에서 철거공사 중 건물이 붕괴하면서 다수의 사상자를 낸 안전사고 등에서 보는 것과 같이 건축주에게도 책임을 묻는 사례가 증가하고 있다.

또한 현장에서 사망사고와 같은 중대재해가 발생하게 되면 노동부에서 점검이 나오고 무엇보다도 공사가 중지되는 경우가 발생한다. 또 노동부 사고 점검 시에 안전교육 미실시, 안전시설물, 보호구착용 등이 법규에 맞지 않게 되어 있다면 공사가 중지되는 기간은 더욱 길어지게 되고 그 피해는 고스란히 건축주인 여러분에게 돌아가게 된다.

원룸 건물 건축과 같은 소규모 건축현장에서는 특히 안전모, 안전대 등의 안전보호구의 착용이나 안전시설물의 설치가 미흡한 경우가 대다수다.

이런 안전사고에 대해서 건축주인 우리는 어떻게 대처를 해야 할까? 건축주인 여러분이 안전사고에 대해서 물리적으로 할 수 있는 것은 거의 없다. 할 수 있는 것은 바로 '서류'로 남겨놓는 것이다.

도급인인 시공자가 안전법규를 지키는 것과는 별개로 건축주인 여러분이 안전사고에 대해서 굉장히 신경을 쓰고 있고 안전사고 예방에 대해서 남다른 노력과 관심을 가지고 있다는 것을 서류상 남겨놓기 바란다.

먼저 첫 번째로 도급계약을 체결할 때에 안전사고 방지를 위해서 산업안전보건법의 제반 규정들을 모두 준수하겠다는 수급인, 즉 시공사의 확약서를 받아 놓는다. 법적인 필수사항이냐를 떠나서 만에 하나 사고가 발생이 될 경우, 많은 도움이 된다.

두 번째로 시공사에 공사비 기성을 지급할 때에 안전관리비에 대한 기성을 지급했다는 것을 서류로 남겨놓는다. 통상 소규모 원룸 건물의 경우에 공사비를 1식으로 청구하고 또 지급하는 경우가 많은데, 기성을 지급할 때에 반드시 안전관리를 위한 비용, 즉 안전관리비를 지급했다는 것을 서류로 남겨놓는 것이 좋다.

세 번째는 현장에 방문을 할 때마다 시공사 현장대리인 등 현장 책임자나 작업반장 등에게 수시로 안전사고를 조심하라고 이야기를 하고 이야기한 것들을 따로 일지 등으로 정리를 해 놓는다.

법적으로 해야 되는지 안 해도 되는지를 따질 것이 아니다. 왜냐하면 사망사고 등의 중대재해가 발생되면 법적인 사항을 포함해서 관리책임을 물을 수도 있고 불똥이 어느 방향으로 튈지 모르는 경우도 생기게 된다.

현실적으로, 건축주인 여러분은 물리적으로 안전시설물을 챙기는 것이 아니고 여러분이 안전사고 발생을 막기 위해서 무엇인가를 했다는 것을 서류로 남겨놓는 것이 중요하다.

🏠 민원관리

공사 중 시공사로 인해서 발생되는 문제 다섯 번째는 민원관리다. 공사할 때, 민원은 두 가지로 나뉜다. 한 가지는 사업성 민원이고, 다른 한 가지는 공사성 민원이다.

민원은 성격에 따라서 두 가지로 나뉜다는 것을 잘 모르는 건축주들이 시공사와 갈등을 겪게 되는데, 사업성 민원이란, 그 건물이 들어옴으로 인해서 받는 피해에 대한 민원이다.

예를 들어서, 조용한 마을에 물류센터나 공장이 들어오게 되면 도로에 화물차들이 많아지고 시끄럽고 복잡해지게 된다.

(민원인들은 물류센터나 공장이 들어옴으로 인해서 받는 혜택, 예를 들면 지가 상승이라든가, 지역 발전이라든가, 일자리가 늘어난다든가 하는 것들은 이야기하지 않는다. 당연하다고 생각한다.)

즉, 그 건축물이 들어옴으로 인해서 생기는 불편함을 이야기하는 것이 사업성 민원이다. 이 사업성 민원은 누가 해결해야 할까? 시공사일까? 아니다. 건축주가 해결해야 한다.

그러면 공사성 민원이란 어떤 것인지 알아보자. 공사성 민원이란, 공사소음, 먼지, 공사용 차량 등으로 인한 민원을 말하는데, 여러분들이 익히 들어본 대부분의 민원이 바로 이 공사성 민원이다.

그런데 현실에서는 이러한 구분을 건축주도 모르고 시공사도 잘 모르기 때문에 건축주와 시공사와 서로 내 탓, 네 탓 하면서 분쟁이 생기게 되는 것이다.

대부분의 도급계약서상에 이렇게 쓴다. '민원처리는 시공사인 ○○건설에서 처리한다'라고. 그런데 이렇게만 써놓고 계약을 체결하다 보니 문제가 발생하게 된다.

왜냐하면, 민원은 복합적으로 생기기 때문이다. 민원인들이 민원을 넣을 때 이건 공사성 민원, 이건 사업성 민원 이런 식으로 나눠서 민원을 넣지 않는다. 그러다 보니 시공사는 사업성 민원인 것 같고, 건축주는 공사성 민원인 것 같다.

그래서 건축주와 시공사 간에 분쟁이 생기게 되는 것이다. 그러다가 시청, 군청까지 끼어들게 되면 급기야 공사가 중단되기도 한다.

민원처리는 이렇게 하도록 하자. 공사를 착공하기 전에 미리 예상되는 민원인들을 만나서 사업성 민원에 대한 보상비를 얼마로 한다라고 합의서를 작성한다.

그리고 시공사 대표에게는 "이후에 생기는 민원은 공사성 민원이니 시공사에서 알아서 하십시오"라고 이야기를 하고 공사성 민원에 대해서는 시공사에서 처리하도록 하는 것이다.

사업성 민원의 합의서를 작성할 때에 시공사 대표를 입회시키는 것도 나중에 시공사에서 딴 소리를 하는 것을 방지하는 차원에서 추천할 만한 방법이다.

건축주인 여러분이 기억하실 것은 민원은 두 가지로 나뉜다.

① 사업성 민원
② 공사성 민원

그리고, 사업성 민원은 건축주 몫이고 공사성 민원은 시공자 몫이라는 것을 기억하면 민원처리가 한결 원활하게 마무리가 될 것이다.

수많은 건축 피해자가 생기는
단 하나의 이유!

수많은 건축 피해자가 생기는 단 하나의 이유는 공사한 것보다 돈을
더 많이 주었기 때문이다.

건축주가 시공사에게 공사가 진행할 때마다 공사비를 지급하게 되
고, 이 공사비를 지급하는 행위를 '기성(旣成)'이라 하는데, 기성이라는
단어를 한자로 보게 되면 다음과 같다.

기(旣) : 이미 '기', 성(成) : 이루어질 '성'

즉, 이미 이루어진 것에 대해서 돈을 지불한다는 뜻이다. 공사가 완
료된 부분에 대해서 돈을 지불하는 것이 기성인데, 만약에 일을 하지도
않았는데, 돈을 지불했다면 어떻게 될지는 뻔한 것이다.

예를 들어 총공사비 5억 원인 공사에서 계약금으로 10%, 즉 5천만
원을 주기로 하고 공사가 20% 진행이 되면 총공사비의 20%를 주기로

했다면, 공사가 20% 진행이 됐을 때 시공사가 받은 돈은 '계약금 5천만 원+공사기성 1억 원=1억 5천만 원'이 된다.

그런데 시공사들은 통상 자재비나 인건비, 하도급 기성(협력사들의 기성)을 한 두달 정도 뒤에 주는 것이 일반적이므로 시공사 통장에는 들어온 돈 1억 5천만 원이 남아 있고, 나갈 돈은 아직 나가지 않은 상태가 며칠 정도 생기게 되는데, 만약에 이런 현장이 10개라면? 15억 원 정도 되는 돈이 통장에 있는 것이다.

이때에 시공사 대표는 잘못된 결단을 내리기도 한다. 필자의 전 저서 《맘고생 않는 집짓기 사용설명서》에는 이 내용에 대한 실제 사례를 자세하게 기술해 놓았으니 한번 참고해도 좋을 것이다.

이 문제를 어떻게 해결해야 하는 지는 '5. 시공사 계약 시에 반드시 넣어야 하는 사항 6가지'에서 설명하기로 한다.

시공사 선정 시
확인해야 하는 사항 3가지

시공사를 선정할 때에는 반드시 확인해야 하는 사항이 몇 가지 있다. 첫 번째 확인사항은 대표자 이력 및 기술자 보유상황이다.

대부분의 건설회사, 시공사에서는 기본적인 회사소개 자료가 있는데, 회사를 운영해본 분들은 익히 알고 있겠지만 회사소개에 나와 있는 회사의 비전이라든가 대표이사 인사말, 회사 조직도 등은 대부분 굉장히 과장되어 있다.

예를 들어서 조직도상에는 5~6개의 팀으로 나뉘어서 각각의 팀이 구성된 것처럼 소개되어 있지만 실상은 직원 한, 두 명이 이 업무 저 업무를 다 하는 경우가 대다수다. 특히 회사 소속의 기술자들이 실제 업무는 하지 않고 서류상으로만 배치가 된 경우도 많다.

그렇기 때문에 원룸 건축과 같은 소규모 공사에서는 특히 대표이사의 이력이 중요하다. 그런데 앞에서 언급한 것처럼 우리나라에서는 건설회사를 설립할 때에 자본금과 서류상의 보유기술자만 확인이 되면 누구든지 건설회사를 차릴 수 있고, 그렇기 때문에 여러분이 만나고 있는 건설회사의 대표가 동대문에서 옷장사를 하던 사람일 수도 있고 부동산 중개사무소에서 중개보조를 하던 사람일 수도, 또 학교 앞에서 분식집을 하던 분일 수도 있는 것이다.

결국 소속 기술자의 이력이 아무리 화려하더라도 대표자의 이력이 기술자가 아닌, 장사 등으로 돈을 벌어서 건설회사를 차린 사람이라면 여러분의 원룸 건물을 '건축의 대상'이 아닌 '돈 버는 대상'으로 생각하고 행동할 가능성이 굉장히 크다. 그러므로 여러분이 여러분의 원룸 건물을 건축할 시공사를 찾을 때는 반드시 회사 대표자의 이력을 확인하기 바란다.

두 번째 확인사항은 해당 회사의 유사실적에 대한 현장방문과 이전 건축주를 면담하는 것이다. 예를 들어서 10개의 건축 실적이 있는 두 개의 시공사가 있다고 가정을 해보자. 그런데 한 회사는 10개의 건축 실적 모두가 여러분이 계획하고 있는 원룸 건물과 유사한 실적이고, 다른 회사는 10개의 건축 실적이 모두 물류창고라면 여러분은 어느 회사를 선택하겠는가?

그런데 고민에 빠지게 되는 대부분의 경우는 바로 '지인', 즉 '아는 사람'이 건설회사를 하고 있는 경우이다. 그리고 그 '아는 사람'이 운영하는 건설회사가 원룸 건물 건축을 전문으로 하는 회사일 확률이 많지 않다.

대형 건설회사의 경우는 복합시설, 아파트, 도시형생활주택, 오피스텔, 공연장 등, 다양한 건축물에 대한 경험과 노하우를 보유하고 있지만 소규모 건설회사의 경우에는 자기가 잘 하는 분야가 정해져 있다.

원룸 건물을 한 건만 해본 건설회사와 수십 건의 경험을 가진 건설회사, 두 곳 중에 어느 곳이 원룸 건물 건축에 대한 대처능력이나 대안 제시, 원가절감과 공기준수 등을 잘 하겠는가는 굳이 따져보지 않아도 알 만한 것이다.

그리고 추가적으로 해당 건설회사에서 이미 지은 건물들의 건축주들을 만나보는 것은 여러분의 생각보다 훨씬 더 여러분에게 도움이 된다.

공사진행 중에 시공사에서 건축주에게 공사내용, 공사진행 과정에 대한 설명을 구체적이고 상세하게 해 주는지, 추가로 공사비를 달라고 하는 일은 없는지, 공사 완료된 이후에 하자처리는 성실하게 응하는지 등의 정보들을 가장 확실하고 정확하게 얻을 수 있는 대상이 바로 이전 건축주다.

시공사 선정 시에 마지막으로 확인해야 하는 사항은 해당 건설회사가 현재 진행하고 있는 현장을 방문해서 공사비 체불이 발생하는지, 공사 현장의 관리상태는 양호한지를 직접 확인하는 것이다. 이 단계는 몇 개의 건설회사를 대상으로 검토를 한 후, 어느 정도 최종적으로 선정할 건설회사가 구체화 됐을 때 최종 결정을 위해서 마지막으로 확인해야 하는 사항인데, 건축주인 여러분이 놓치지 말고 반드시 해야 하는 일이다.

특히 중요한 것이 건축주인 여러분이 여러분의 공사를 위해서 지불하는 '공사비'가 여러분의 공사에 사용되지 않고 다른 현장의 자재비, 인건비를 충당하는 데에 쓰이거나 시공사 대표 개인의 목적으로 사용되지 않는지 지속적으로 확인을 해야 한다.

많은 수의 건설현장에서의 사고는 '내 현장 공사를 위해 지급한 공사비'가 다른 곳에 사용됨으로 인해서 발생된다는 것을 명심하도록 하자.

시공사 계약 시에 반드시
넣어야 하는 사항 6가지

시공사가 딴 맘을 먹지 않고 건축주인 여러분의 건물을 성심껏 건축하게 하려면 어떻게 해야 할까? 어렵게 얘기하면 한도 끝도 없겠지만, 소규모 건축현장에서는 아래의 여섯 가지만 정해 놓으면 별문제 없다.

첫 번째, 계약이행보증금(증권) 수령

두 번째, 기성금 조건

세 번째, 지체보상금

네 번째, 공사내용 변경 시의 공사비 변경조건 지정

다섯 번째, 공사포기각서, 유치권포기각서의 수령

여섯 번째, 하자이행보증금(증권)의 수령

첫 번째, 계약이행보증금(증권) 수령이다.

일반적으로 건축주와 시공자가 계약할 때 계약금을 통상 10%로 정하고 지급을 하게 되는데, 만약 시공자가 계약금을 받고 연락이 안 되거나 잠적하거나 착수를 차일피일 미루면 어찌 될까?

일단 계약을 하고 계약금을 송부하기 전에 계약이행보증을 수령하면 1차적으로는 해결된다. 이 내용은 '표준민간도급계약서'에도 표기가 되어 있다.

계약이행보증이란 계약사항을 이행하지 않을 경우에 입게 되는 손해에 대비하기 위해 공사금액의 10%에 해당하는 금액을 현금 또는 건설공제조합, 서울보증 등의 보증서로 징수하는 것이다.

만약 계약의 사항을 상대방이 이행하지 않으면 현금으로 받았으면 쓰면 되고, 보증증권으로 받았다면 보증사에 가서 돈을 받으면 된다. 보증사에서는 그 돈을 시공자에게 청구하게 되는 것이다. 그래서 일반적으로 시공자는 계약이행보증을 건축주에게 현금으로 내거나, 보증서로 주게 되면 함부로 계약사항, 특히 착수일을 어기지 못한다.

> **계약이행보증금** : 계약의 이행을 확보하기 위한 물적 담보로써 계약 불이행의 경우에 입은 손해의 배상을 용이하게 하려는 목적으로 상대방으로부터 일정한 금액을 징수하는 손해배상 예정액의 성격을 갖는다. ~중략~ 계약 보증금은 계약금액의 100분의 10 이상에 해당하는 금액이다. 　　　출처 : 국방과학기술용어사전, 2011.

간혹, 시공자가 '이행보증각서'로 대체하자고 하는 경우가 있는데, 이행보증각서는 아무 의미 없는 종이다.

두 번째는 기성금 조건이다.

기성금은 앞에도 이야기했듯이 이미 이루어진 것에 대해서 '돈'을 지불한다는 뜻이다. 그런데 많은 초보 건축주들이 시공자에게 "공사비는 어떻게 드리면 돼요?" 또는 "통상 어떻게 합니까?"라고 물어본다.

계약하면서 계약 상대방에게 기성금에 대한 전권을 준다는 것이 말이 되는가? 그런데도 초보 건축주들은 대부분 이런 식으로 기성금 결제를 상대방에게 물어보고 결정하는 것이 일반적이다.

앞서도 언급했지만, 시공자가 공사에 투입한 돈보다 건축주가 시공자에게 더 많은 돈을 주게 되면 반드시 사고가 생기게 된다.

먼저, 계약금은 10%로 하되, 계약이행보증금(증권)을 수령하면서 지급한다. 기성금은 공사가 진행되는 상황에 따라서 공사완료분에 대해서 지급하며, 시공자는 공사 진행에 따른 투입공사비의 증빙, 또는 자료를 건축주에게 송부하고, 확인된 내용만 지급한다.

마지막으로 잔금은 사용승인 완료된 후(준공)에 지급한다.

세 번째는 지체보상금이다.

일반적으로 대형건설회사가 시공하는 현장에서는 공사준공일을 목숨보다 더 중요하게 생각하는데 바로 이 지체보상금 때문이다. 이 지체보상금은 '표준민간도급공사계약서'에도 명기가 되어 있으니 건축주가 무리한 요구를 하는 것도 아니다.

자료 7-1 표준민간도급공사계약서의 지체상금율

9. 지급자재의 품목 및 수량

10. 하자담보책임(복합공종인 경우 공종별로 구분 기재)

공종	공종별계약금액	하자보수보증금율(%) 및 금액	하자담보책임기간
		( ) % 원정	
		( ) % 원정	
		( ) % 원정	

11. 지체상금율 :

12. 대가지급 지연 이자율 :

13. 기타사항 :

통상 이 지체상금율은 1/1000이나 3/1000으로 비율을 정하는데, 이것의 의미는 공사가 준공일보다 지연되면 지연된 1일에 남은 공사금액의 1/1000이나 3/1000의 금액을 현금으로 건축주에게 보상한다는 뜻이다.

그러니 공사 준공일이 지연될수록 시공자는 손해를 보게 되고 시공자는 이 손해를 보지 않으려고 공사기간을 준수하고자 하는 노력을 할 것이다.

계약서 작성할 때에 이 지체상금율 칸을 빈칸으로 남겨놓는 우를 범하지 않기 바란다.

지체보상금 : 채무자가 계약기간 내에 계약상의 의무를 이행하지 못한 때에 채권자에게 지불하는 금액을 말한다. 지체상금 또는 지체보상금으로 불리며 아파트 입주지체보상금, 공사지체보상금이 대표적인 예다. 보상금은 계약체결 당시 당사자간의 약정에 따라 정해진 일정률과 지체 날짜수를 곱해 산출되는 게 일반적이다. ∼중략 ∼ 보상금은 계약불이행에 대한 보상성격을 띠고 있는 만큼 현금으로 지급되지만 당사자간 합의에 따라 유가증권으로 지급될 수 있다. 그러나 지체의 이유가 채무자의 귀책사유가 아닌 천재지변, 행정명령, 기타 불가항력적 원인에 의한 경우에는 채무자는 채권자에게 지체보상금을 지급할 의무가 없으며 채권자는 아무런 이의를 제기할 수 없다. 채무자는 단지 이 같은 사유를 채권자에게 통보하기만 하면 된다.

출처 : 한경경제용어사전

네 번째, 공사내용 변경 시의 공사비 변경조건 지정이다.

공사를 진행하다 보면 피치 못하게 공사내용이 변경이 발생되는 경우가 생기는데, 이러한 공사내용이 변경이 될 때에 공사비의 증감을 어떤 방식으로 정할 것인지를 미리 계약서에 명기해 놓아야 한다.

공사내용이 건축주의 요청에 의해서 변경이 된 것인지, 시공자의 실수에 의해서 잘못된 것인지, 토질의 상태 등 불가항력에 의한 것인지 구분을 하고, 기계약된 항목의 수량이 증감이 되는 것이라면 기 계약단가를 적용하고, 신규단가라면 일위대가, 정부품셈이나 유사 현장 단가의 견적서를 이용하는 방법 등을 미리 정해 놓아야 한다.

다섯 번째는 공사포기각서, 유치권포기각서의 수령이다.

공사포기각서와 유치권포기각서는 '공사 중에 시공자가 사라질 경우'를 대비해서 미리 받아 놓는 서류다.

공사포기각서

공사에 대해 자신의 권리와 의무를 포기한다는 양식. 명기할 사항은 공사 포기자 인적사항, 계약금액, 포기대상, 특이사항, 작성일 등.　　　　　출처 : 비즈폼

유치권포기각서

공사에 대한 유치권을 포기하겠다는 의사를 표시한 서식.

유치권은 물건이나 증권을 소유한 자가 채무자로부터 채권을 변제받을 때까지 물건이나 증권을 유치할 수 있는 권리를 말한다. 유치권은 법정담보물권이며, 점유로 공시된다. 그렇기 때문에 별도의 등기는 필요하지 않다.

유치권이 성립하려면 유치권의 대상이 되는 물건이 타인의 물건이나 유가증권이어야 한다. 또한 피담보채권이 목적물과 견련관계가 있어야 하고, 변제 의무가 있는 채권을 소유하고 있어야 한다.

시공자가 공사 중에 사라지게 될 경우, 계약서상의 상대방인 시공자의 시공권한이 남아있는 상태에서는 제3 시공자를 선정해서 공사를 재개하는 데에 문제가 생기게 된다. 왜냐하면 계약이 해지되기 전까지는 계약 건에 대해서 권리가 있기 때문이다.

만약 시공자가 사라졌다고 해서 제3의 시공자에게 나머지 공사를 맡기려면 '공사포기각서'와 '유치권포기각서'를 받아야 하는데, 사라진 사람한테 무슨 수로 받겠는가?

그러니 계약을 할 때에 미리 공사포기각서, 유치권포기각서를 수령하는 것이 좋다.

여섯 번째는 하자이행보증금(증권)의 수령이다.

하자이행보증금(증권)은 통상 공사비의 3%이며 이 또한 표준민간도급공사계약서에 명기가 되어 있으니 빈칸으로 남겨두지 말고 반드시 명시하기 바란다.

* 건설산업기본법 시행령의 하자담보책임기간

[별표 4] 〈개정 2007.12.28〉

건설공사의 종류별 하자담보책임기간(제30조 관련)

공사별	세부공종별	책임기간
1. 교량	① 기둥 사이의 거리가 50m 이상이거나 길이가 500m 이상인 교량의 철근콘크리트 또는 철골구조부	10년
	② 길이가 500m 미만인 교량의 철근콘크리트 또는 철골구조부	7년
	③ 교량 중 ①·② 외의 공종(교면포장·이음부·난간시설 등)	2년
2. 터널	① 터널(지하철을 포함한다)의 철근콘크리트 또는 철골구조부	10년
	② 터널 중 ① 외의 공종	5년
3. 철도	① 교량·터널을 제외한 철도 시설 중 철근콘크리트 또는 철골구조	7년
	② ① 외의 시설	5년
4. 공항·삭도	① 철근콘크리트·철골구조부	7년
	② ① 외의 시설	5년
5. 항만·사방간척	① 철근콘크리트·철골구조부	7년
	② ① 외의 시설	5년
6. 도로	① 콘크리트 포장 도로(암거 및 측구를 포함한다)	3년
	② 아스팔트 포장 도로(암거 및 측구를 포함한다)	2년
7. 댐	① 본체 및 여수로 부분	10년
	② ① 외의 시설	5년
8. 상·하수도	① 철근콘크리트·철골구조부	7년
	② 관로 매설·기기 설치	3년
9. 관계수로·매립		3년
10. 부지정지		2년
11. 조경	조경시설물 및 조경식재	2년
12. 발전·가스 및 산업설비	① 철근콘크리트·철골구조부	7년
	② 압력이 1제곱센티미터당 10킬로그램 이상인 고압가스의 관로(부대기기를 포함한다) 설치공사	5년
	③ ①·② 외의 시설	3년
13. 기타 토목공사		1년

공사별	세부공종별	책임기간
14. 건축	① 대형공공성 건축물(공동주택·종합병원·관광숙박시설·관람집회시설·대규모소매점과 16층 이상 기타 용도의 건축물)의 기둥 및 내력벽	10년
	② 대형공공성 건축물 중 기둥 및 내력벽 외의 구조상 주요부분과 ① 외의 건축물 중 구조상 주요부분	5년
	③ 건축물 중 ①·②와 제15호의 전문공사를 제외한 기타부분	1년
15. 전문공사	① 실내의장	1년
	② 토공	2년
	③ 미장·타일	1년
	④ 방수	3년
	⑤ 도장	1년
	⑥ 석공사·조적	2년
	⑦ 창호설치	1년
	⑧ 지붕	3년
	⑨ 판금	1년
	⑩ 철물(제1호 내지 제14호에 해당하는 철골을 제외한다)	2년
	⑪ 철근콘크리트(제1호부터 제14호까지의 규정에 해당하는 철근콘크리트는 제외한다) 및 콘크리트 포장	3년
	⑫ 급배수·공동구·지하저수조·냉난방·환기·공기조화·자동제어·가스·배연설비	2년
	⑬ 승강기 및 인양기기 설비	3년
	⑭ 보일러 설치	1년
	⑮ ⑫·⑭ 외의 건물내 설비	1년
	⑯ 아스팔트 포장	2년
	⑰ 보링	1년
	⑱ 건축물조립(건축물의 기둥 및 내력벽의 조립을 제외하며, 이는 제14호에 따른다)	1년
	⑲ 온실설치	2년

비고 : 위 표 중 2 이상의 공종이 복합된 공사의 하자담보책임기간은 하자책임을 구분할 수 없는 경우를 제외하고는 각각의 세부 공종별 하자담보책임기간으로 한다.

만약 시공사가 하자처리를 즉각 하지 않을 경우에는 건축주가 하자를 스스로 처리하고 보증사에 하자보수비를 청구, 수령하며 보증사에서는 시공사에 구상권 형태로 하자보수비로 지불된 금액을 청구한다. 공사가 끝나고 잔금을 시공자에게 줄 때는 반드시 하자이행보증금(증권)을 받은 다음에 잔금을 주기 바란다.

공사범위는 반드시
문서로 작성한다

구두상으로 '평당 얼마' 하는 식으로 공사비를 협상하는 경우에 가장 문제가 되는 것이 바로 공사범위다.

평당 단가가 아무리 싸더라도 사례에서 언급한 것처럼 '지하공사 별도'라든가 '서비스면적 별도'와 같이 공사 진행 중에 당초 평당단가 얘기할 때는 포함되지 않았다고 시공자가 우기게 되면 공사를 중간에 멈출 수도 없고, 공사 중에 시공사를 바꿀 수도 없는 난감한 상황에 빠지게 된다.

공사계약에 대해서 구체적으로 논의하게 될 때는 반드시 '공사범위'를 확정을 한 이후에 공사 계약서를 작성하도록 하자. 집장사 출신 건축업자들이 공사 중에 추가라고 주로 많이 써먹는 공사범위는 다음과 같다.

첫 번째, 서비스면적(발코니 확장부분)

두 번째, 다락, 필로티 하부

세 번째, 지하 토공사

네 번째, 우수관 오수관 등 부대토목공사

다섯 번째, 울타리, 경계석, 조경 등 외부공사

건축주인 여러분은 이 다섯 가지 항목이 건축업자들이 이야기하는 '평단가'에 포함이 되어 있는지, 별도로 공사비를 청구할 것인지에 대해서 계약서 날인 전에 반드시 확인을 하고 계약서에 써놓아야 한다.

시공사를 내 맘대로
조종하는 노하우

시공사를 내 맘대로 조종하는 노하우는 '3. 수많은 건축 피해자가 생기는 단 하나의 이유'와 일맥상통한다.

바로 기성, 즉 '돈'으로 통제를 하는 것이다. '갑'과 '을'이라는 단어가 없어져야 한다고들 이야기하지만, 돈을 지급하는 사람은 '갑'이고 돈을 받고 용역 등을 제공하는 사람은 '을'이다. 단어를 바꾼다고 속성까지 바뀌는 것은 아니다.

직장생활을 오래 한 건축주들은 완전한 갑이 되어 본 경험이 없기 때문에 자기가 자기 돈을 주면서 일을 시키면서도 부탁을 하는 경우를 많이 본다.

건축현장에서는 돈을 내는 건축주가 대장이고, 오너이고 최고결정권자다. 마음에 들지 않으면 고치라고 얘기하고 돈을 지불했으면 그 값어치를 하도록 종용해야 한다.

이런 구도를 자연스럽게 만들어 가려면 앞에서 언급한 바대로 기성을 절대로 일한 것보다 초과해서 지급하면 안 된다.

약 10% 정도의 공사비를 지급받지 못한 상태여야 시공사, 작업자들이 그 10%를 마저 받기 위해서 작업을 펑크내지도 않고 다른 좋은 조건의 현장이 생겨도 당장에 현장을 바꾸지 않는 것이다.

기억하라.

그 건축현장에서 움직이는 모든 것들은 당신의 '돈'으로 움직이고 있다는 것을!

원룸 건물 신축 시 건축주가 반드시 알아야 하는 시공지식

이 책에서 기술되는 건축과 관련된 시공기술은 건축 비전공자인 건축주의 공사에 대한 이해도를 높이기 위해 간략하게 필요한 내용만 기술한 것으로서 시공자는 해당 공사의 공사 시공에 대해서는 해당 공사의 특기시방서, 일반시방서, 건설교통부 표준시방서가 우선이 되어야 하는 것임을 먼저 알려드린다.

자료 8-1 착공단계 중점 관리사항

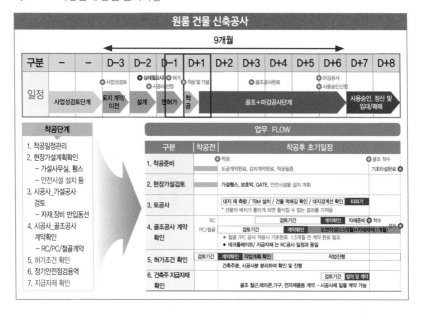

경계측량점을 지켜라

경계측량은 공사를 착수하기 전에 해당 부지, 즉 내 땅의 경계점을 확인하는 작업으로, 한국국토정보공사(구. 지적공사)에 신청하면 일주일 정도 후에 문자 등으로 경계측량을 나오는 날짜, 시간 등을 안내해 준다.

경계측량에서 건축주인 여러분들이 알고 있어야 하는 가장 중요한 사항은 경계측량 말뚝의 유실을 방지하는 것이다. 경계측량 말뚝의 보호 관리는 당연히 시공사에서 해야 하는 것이지만 유실될 때를 대비해서 건축주들도 항상 관심을 갖고 있어야 한다.

🏠 경계측량

인접대지 및 도로와의 경계는 인접대지 소유자, 기타 관계자의 입회하에 측량하고, 측량결과에 따라 경계말뚝을 견고히 설치해서 준공 시까지 보호, 관리해야 한다.

🏠 경시

측량 후 건축물 위치를 확인하는 것으로 도면과 상이점을 개략적으로 판단한다.

🏠 줄 쳐보기 및 규준틀 설치

공사 착공 전에 건축물의 위치를 표시하기 위해 건축물의 형태에 맞춰 줄을 띄우거나 석회로 선을 그어 줄 쳐보기를 한 후 도로, 인접 건축물과의 관계, 건축으로 인한 재해 및 안전대책 등을 점검한다.

줄 쳐보기 후 규준틀을 건축물의 모서리 및 기타 요소에 설치해서 건축물의 위치 및 높이의 기준을 표시한다. 설치시기는 건물배치 후 가규준틀을 설치하고 터파기 완료 후 본 규준틀을 설치한다.

자료 8-2 경계측량

자료 8-3 줄 쳐보기

가설공사란?

공사기간 중 필요한 임시 시설물로, 본 공사가 끝나면 해체, 철거하게 되는 공사를 가설공사라고 하는데, 이 가설공사는 두 가지로 대별된다.

한 가지는 서포트, 유로폼, 흙막이 가시설 등과 같이 공사에 직접적으로 사용이 되는 가설공사가 있고, 다른 한 가지는 공사에 직접적으로 사용이 되지 않는 가설울타리, 가설컨테이너 등의 공통 가설공사이다.

- 직접 가설공사 : 규준틀설치, 비계 설치 등 공사 실시상 직접적인 역할을 수행하는 가설공사
- 공통 가설공사 : 가설울타리, 현장사무실, 재료 창고, 임시화장실, 공사용수 및 운반로확보 등

자료 8-4 가설울타리 설치

가설공사 계획 시 고려 대상은 다음과 같다.

- 공사의 규모, 시공 정밀도 및 공사내용
- 가설물의 면적 및 배치
- 가설 자재의 반입량 및 배치
- 운반 및 교통사항·공사 후 철거

🏠 가설사무소

모든 가설 건물(사무실, 창고, 화장실 등) 및 자재 보관장소 등의 설치 위치는 향후 공사가 진행이 되는 해당 건물과의 중복여부와 후속공사 착수시기를 고려해서 위치를 선정한다. 즉 본공사에 지장을 받지 않고 준공 시까지 사용할 수 있는 위치를 선정하고 부득이한 경우 현장 외곽 부지의 임차를 고려한다.

자료 8-5 컨테이너 가설사무소

🏠 세륜시설

단지여건에 따라 통행이 원활한 위치를 선정해서 단지입구에는 분진
및 비산방지를 위한 자동식 세륜시설을 설치하고 도로에는 살수차량을
운행한다.

세륜시설의 설치시기는 토목착공과 동시(착공 전 자재준비 완료확인)에
설치한다. 물론 원룸 건물 건축과 같은 소규모 공사에서 세륜시설까지
설치할 필요는 없겠지만, 만약 여러분이 대형공사를 착수하게 된다면
적용해야 한다.

자료 8-6 세륜시설

🏠 가설전기(변압기, 분전반)

가설전기 공급계획 검토 시에 변압기, 분전반 주위에는 안전망 및 위험표지판 등을 설치해야 한다. 작업선(전기선)은 모두 바닥에 닿지 않고, 지상(공중)으로 배선될 수 있도록 해서 감전 등의 안전사고 발생을 방지하도록 한다.

자료 8-7 가설전기

토목공사 시에
확인해야 하는 사항

 토목공사는 가설공사와 함께 건축공사 초기 단계에서 가장 먼저 시작되는 공사다. 대지의 조성공사이고 또 건축물의 안전확보를 위한 기초작업이 된다. 특히 기초 및 지하구조물물 설치를 위해서 흙을 파내고 되메우며 지반상태를 안정화시키는 작업으로 건물의 안전성에 영향을 미치는 것이기 때문에 신중을 기해야 하는 공종이다.

 그리고 일반적으로 건축현장에서는 건축물 주변의 우수, 오수관로, 단지 내 포장, 정화조 설치, 담장설치, 옹벽 공사 등 주된 공사가 건축일 경우 이에 수반되는 토목공사를 부대 토목공사로 분류한다

 간단하게 정리하자면 흙을 파고 다시 되메우는 작업은 '토공사'라 부르고, 우수, 오수관로, 단지 내 포장 등의 공사는 부대 토목공사라고 이야기한다.

🏠 토공사

① 지적파악 및 레벨측량

- 경계 지적점 확인 후 부지횡단을 측량해 토공물량을 계산한다.
- 건축 터파기용 토량이 단지 내 적치가 불가능하다고 판단될 경우에는 사전에 사토장을 선정해 공기 지연을 예방한다.

자료 8-8 지적파악 및 레벨측량

② 부지정리 및 토공사

- 계획된 레벨고와 건축물 부지의 토공사 실시 후 잔토처리 및 철거 폐기물을 처리한다.
- 지하구조물 터파기 시 인접건물과의 거리, 심도 등 하중전달에 의한 영향을 검토해 흙막이공사 등의 보호조치를 실시한 후 터파기공사를 시행해야 한다.
- 굴착장비를 투입할 경우에는 장비의 전도, 전락을 막기 위해서 작업지반을 견고히 다지고 충분한 점검을 실시한 이후에 투입한다.

③ 잔토 및 기존폐기물을 반출하여 부지공간 확보

• 건물의 계획고를 사전에 파악하고 기초터파기공사 시의 원활한
작업을 위해서 작업 전에 레벨을 확인한 후 정지 및 절토작업 진
행한다.

• 잔토를 운반하는 트럭은 운반 중 흙이 넘쳐 흐르지 않도록 하고
덮개를 씌워야 한다.

자료 8-10 잔토 및 기존폐기물 반출

🏠 부대 토목공사 : 흄관 설치공사

① 흄관설치순서

　가. 관로설정 및 측량(레벨 확인)

　나. 관로매설자리 터파기(구배 확인)

　다. 기초다짐 및 합판 거푸집 설치

　라. 관부설 및 접합(이음부 몰탈)

　마. 맨홀 설치 및 연결(이음부 몰탈)

　바. 되메우기

자료 8-11 흄관 설치순서

① 관로 위치 터파기

② 기초다짐 및 거푸집 설치

③ 흄관설치

④ 맨홀설치 및 연결

② 흄관 시공 시 유의사항

- 관로 종합 평면을 작성해 기타 다른 관로와 겹치지 않도록 계획한다.
- 지하 매설물을 사전에 파악한 후 시공한다.
- 역구배가 나지 않도록 주의한다(레벨 확인).
- 오수맨홀은 빗물의 유입을 방지하기 위해 G.L보다 3cm 높게 시공한다.
- 우수맨홀은 도로면과 평평하게(녹지부 10cm 하향) 시공한다.
- 도로 부분에 설치되는 맨홀은 뚜껑을 고정할 수 있는 고정 철물(볼트)을 콘크리트 타설 시에 미리 매립한다.
- 되메우기 시 관의 움직임으로 인한 이음 모르터 등의 탈락이 발생하지 않도록 배수관 주위를 부드러운 토사로 채움을 실시한다.

부대 토목공사 중 PE이중관 설치공사를 할 때는 제반사항이 흄관설치공사와 유사하나 아래의 사항을 확인해야 한다.

- 열 수축 sheet 부착 시 관의 이음부 중앙에 오도록 하며 겹치는 부위(약 15cm)는 테이프 등으로 임시로 고정한다.
- PE이중관 연결 시 수밀밴드접합, 맨홀과 연결 시에는 이음부위 몰탈을 사용해서 접합한다.

🏠 부대 토목공사 : 경계석 설치공사

① 경계석 설치 공사순서

　가. 경계석 시공 구간 측량 및 규준틀 설치

　나. 경계석 기초자리 터파기 및 다짐(레벨 확인)

　다. 구간별 경계석 배치(지게차 등 장비 이용)

　라. 거푸집 설치 및 콘크리트 타설(경계석 기초)

　마. 경계석 설치(레벨 확인)

　바. 경계석 주변 콘크리트 마감

자료 8-12 경계석 설치공사

② 경계석 설치 시 주의사항

　• 직선, 곡선구간 등을 미리 확인하고 배치계획을 사전에 파악한다.

　• 타설 전에 충분한 다짐이 필요하다.

　• 경계석 배치 후 망치 등을 사용해 레벨을 조정한다.

　• 보도블럭의 구배는 2%를 기준으로 하며, 보차도보도 경계석의
　　설치높이를 결정해서 시공한다.

🏠 부대토목공사 : 보강토블럭 설치공사

① 공사순서

　가. 시공측량 및 기준점 설정 후 기초터파기

$$1 < H < 5 = 0.3m \text{ 이상} \ / \ 5 \leq H < 10 = 0.5m \text{ 이상} \ /$$

$$10 \leq H < 15 = 0.7m \text{ 이상}$$

　나. 기초 잡석깔기

　다. 기초단 설치

　라. 표준형 블럭쌓기

　마. 속채움 골재포설

　바. 보강토사 다짐

　사. 지오그리드 포설

　　• 지오그리드는 반드시 장기적인 물성치가 안정된 제품을 선택

　　• 지오그리드 포설은 핀이나 기타 도구를 이용해서 좌, 우, 뒤로 팽팽히 당겨 고정시킨 후, 전면 블록에서 지오그리드 끝단을 향해 뒷채움 흙을 포설

　아. 최상부 마감캡블록 설치

자료 8-13 보강토블록 쌓기

① 기초터파기 및 타설

② 블럭쌓기 및 속채움

③ 그리드 설치 및 뒷채움

④ 블록 뒷채움 및 다짐

⑤ 마감캡블럭 설치

⑥ 옹벽청소 및 완성

② 보강토블록 시공 시 유의사항

- 보강토 다짐 : 다짐은 20cm씩 층다짐 6회 이상 다지고, 블록 뒷면에서 1m까지는 경량다짐 장비를 사용한다(1톤 롤러). 그리고 1m 뒤쪽은 4.4톤 이상 진동롤러를 사용해서 다진다.
- 캡블럭 설치 : 표준형 블록과 엇물리게 설치해서 석재본드 또는 타일시멘트로 완전히 고정하며, 블록 마무리 상부에 설치할 때 옹벽 벽체와 약 4~5㎝ 도출이 되도록 조정해서 시공한다.
- 배수관 설치 : 캡블럭 설치 후 표면 수유도를 위해 V형 또는 U형 배수관을 매설하거나 콘크리트를 타설해서 옹벽 양쪽, 혹은 현장지형에 맞춰 옹벽 중앙부에서 배수 처리를 한다. 옹벽 자체에 누수가 되지 않도록 해야 한다.

🏠 부대토목공사 : 아스팔트 포장공사

① 아스팔트 포장공사 공사순서

　가. 보조기층 시공

　나. 유제살포(프라임 코팅)

　다. 기층포설(#467-40mm 이하 골재)

　라. 유제살포(택코팅-표층과 기층 접착)

　마. 표층포설(#78-13mm 이하 골재)

② 시공 시 유의사항

- 프라임 코팅 : 보조기층과 기층접착이며 우천 시나 영하 10도 이하일 경우 살포를 금지한다. 그리고 한냉 시에는 휘발성이 큰 제품을 사용한다.

- 택 코팅 : 표층과 기층의 접착을 위한 공사이며, 우천 시나 영하 5도 이하일 경우 살포를 금지한다. 과다 살포 시에는 상부층 아스콘의 밀림현상이 발생하니 주의한다.

- 아스콘 : 직선 구간의 경우에는 도로중심선 방향으로 포설하고, 편구배 구간일 경우에는 노면이 높은 곳에서 낮은 곳으로 포설한다. 그리고 종단구배일 경우에는 낮은 곳에서 높은 곳으로 포설한다.

- 다짐 방법 : 낮은 곳에서 높은 곳으로 다짐을 실시한다. 롤러 구동륜 폭이 절반 정도 겹치게 다짐을 하며 아스콘이 드럼에 부착되는 것을 방지하기 위해 소량의 물을 사용한다.

자료 8-14 아스팔트 포장공사

① 보조기층 시공 및 다짐

② 기층포설 및 다짐

③ 표층포설 및 다짐

④ 아스콘 전경

③ 아스팔트 포장장비 종류

- 그레이더 : 노상 및 보조기층 포설

- 진동롤러 : 노상 및 보조기층 다짐

- 디스트리뷰더 : 프라임 코팅, 택 코팅

- 비후더 : 디스트리뷰더 대체장비

- 피니셔 : 아스팔트 포설

- Macadam 롤러 : 아스팔트 1차 다짐

- 타이어 롤러 : 아스팔트 2차 다짐

- Tamdem 롤러 : 평탄작업용

- 콤비롤러 : 소규모 포장용

자료 8-15 아스팔트 포장장비 종류

① 그레이더

② 진동로라

③ 디스트리뷰더

④ 비후더

⑤ 휘니셔

⑥ Macadem로라

⑦ 타이어로라

⑧ Tamdem로라

⑨ 콤비로라

기초공사 시에
확인해야 하는 사항

　기초공사란 건물에 작용하는 하중이나 거물의 자체 무게 등을 지지하는 지반 등에 안전하게 지지할 수 있도록 만든 구조물이다. 종류는 토질에 따라서 직접 기초, 말뚝박기 기초(파일기초) 등이 있지만 이 책에서는 원룸 건물에 많이 적용이 되는 직접 기초를 설명하기로 한다.

🏠 기초 철근 배근

- 기초 레벨 체크
- 버림 콘크리트면에 밀착되도록 거푸집 설치

🏠 기초콘크리트 타설

- 바이브레터의 충분한 진동 확인
- 타설 후 기초 상단 면정리 실시

※ **콘크리트 타설 전 확인사항**

• 철근 조립상태 – 결속선 시공상태 및 철근의 변형 여부
• 콘크리트 펌프 기종, 성능 및 배관상태 확인
• 타설인원 및 기능도 점검 / 레미콘의 규격 확인

⌂ 타설 후 거푸집 해체

• 충분한 양생 후 되메우기 실시
• 기둥의 위치가 정확한지 확인

⌂ 기초 되메우기

• 장비의 충격으로 인한 기초 손상이 없을 것
• 위치 이동이 없도록 항상 주의해서 시공
• 스펀지 현상 및 다짐이 불량한 토사의 경우 치환시공

자료 8-16 기초공사1

① 철근 배근 및 거푸집 조립

② 기초콘크리트 타설

③ 타설 후 거푸집 해제

④ 기초 되메우기

🏠 지중보철근배근

- 도면과의 배근 상태 체크
- 주근의 이음이 개소가 한곳에 집중되지 않게 함
- Stirrup Cap은 100% 시공

🏠 지중보거푸집 설치

- 플렛타이 및 핀의 결속상태 확인
- 시공간격, 피복두께 체크

🏠 앵커볼트 설치

- 철근의 변형이 일어나지 않도록 보강근에 용접
- 앵커볼트의 정확한 위치 시공을 위해 와이어선 사용
- 앵커볼트 체결부 테이프 보양
- 거푸집 끝단과의 이격거리 확인 필수
- 콘크리트 타설 시 볼트 체결부 관리
- 콘크리트 속에 묻히지 않는 앵커볼트는 녹막이도장을 한다.

자료 8-17 기초공사2

① 지중보 철근 배근

② 지중보 거푸집 설치

③ 앵커볼트 설치(철골 또는 PC)

🏠 지중보 타설

- 지나친 바이브레이터 사용으로 거푸집의 변형이 생기지 않도록 지속적인 주의
- 동절기 타설 후 일중 기온이 4 ℃ 이하로 하강 시 보온 실시
- 한 번에 한 곳에 집중적으로 타설하지 않고 충분한 시간차로 골고루 돌아가면서 타설

🏠 지중보 타설 완료

- 2차 타설 시 슬라브와 접합면의 치핑 작업(레이턴스 제거) 및 청소 상태 점검

🏠 지중보 되메우기

- 되메우기 시행 시 장비에 의한 지중보 훼손 주의
- 콘크리트가 충분히 경화된 후에 시행
- 되메우기 흙은 보통 굴착토사를 사용하고, 전석, 호박돌 등이 들어가지 않도록 유의

🏠 잡석포설

- 양질의 토사로 되메우고 잡석포설 후 충분한 다짐으로 침하량을 최소로 줄인다(물다짐을 병행).

자료 8-18 기초공사3

① 지중보 타설

② 지중보 타설완료

③ 지중보 되메우기

④ 잡석포설

골조공사 시에
확인해야 하는 사항

골조공사란 건물의 주요 구조부인 기둥, 슬라브 바닥, 보, 계단 등을 시공하는 공사로 철근콘크리트구조, 철골구조, PC구조 등이 주로 적용이 된다.

자료 8-19 골조·마감공사 단계 중점 관리사항

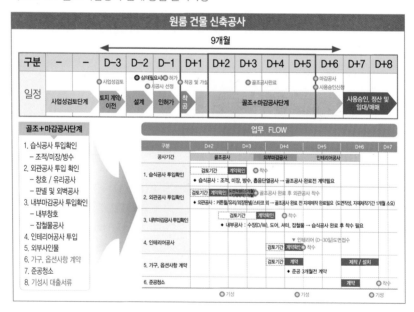

🏠 철근콘크리트 공사

① PE필름 시공(지면과 접하는 최하층 바닥)

- 철근 배근 전 잡석 포설후 충분한 다짐
- PE필름 시공 후 철근 배근(단열재 시공여부는 현장에서 조절)

② 슬라브 철근 배근

- 상, 하부 철근 시공 간격 및 결속 상태 점검
- 작업자들에 의한 철근 결속 및 배근 훼손 최소화
- 훼손 부위는 즉각적인 보수 시행

※ 전기 및 설비 배관 인입
- 화장실 PVC설비 배관 및 전기배관 등 철저한 치수 및 이격거리 확인

③ 레미콘 타설

- 바이브레이터의 적절한 시행
- 정확한 잔량 조절

④ 기계미장 및 양생(살수작업)

- 물때, 평활도, 바닥마감 상태 등을 체크
- 급격한 수분 증발에 따른 건조수축 균열 억제를 위한 습윤양생

  (최소 3일 이상 시행)

자료 8-20 철근콘크리트 공사

① 다짐 및 PE필름 시공

② SLAB 철근 배근

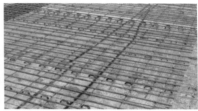

③ SLAB 타설

④ 기계 미장 및 양생

🏠 철골공사

철골공사란 건축물의 주골재를 철골로 사용한 구조로 설계와 가공에 있어 강재의 특성을 살린 중량대비 고강도 장 SPAN 실현이 가능하며, 여러 가지 철골과 강판을 조립해서 리벳, 용접 접합한다.

철골구조의 장점

- 장스팬의 바닥슬라브 시공을 위한 지지 서포트가 불필요
- 거푸집 설치기간 단축·품질관리 : 설계기준에 맞는 균일의 품질 가능
- 시공의 용이성 : 데크플레이트의 사용은 복잡한 공정을 단순화시켜 전기, 통신, 배관 등

- 깨끗한 공사환경 유지 : 규격화된 공장 자재 및 현장에서 폐기물자재가 적어 공사현장
- 재료 균등, 자중 적음

철골구조의 단점
- 진동에 민감하다.
- 철근콘크리트구조에 비교해서 가격이 비싸다.

철골공사의 작업순서
① 앵커볼트 시공 및 철골 반입
- 부재의 휨, 긁힘, 과대응력 발생치 않도록 주의
- 기존 도로 진입부 인근의 반입로 사전 파악하고 충분한 준비

② 철골 양중 및 조립
- 자재 인양 동선 주의 작업자 접근 금지
- 시공 시 불필요한 인원의 최소화

③ 철골 세우기
- 시공 시 부재의 전도가 발생하지 않도록 1차적인 볼트 체결 관리
- 하루 작업 마감 시에는 기둥과 기둥을 연결하는 보를 필히 시공 후 마무리

④ 기둥 레벨링

　• 자립 불안정한 기둥은 와이어 로프, 가설 지주 등으로 보강

　• 부재의 세우기 작업 시 부재에 휨 등의 발생에 주의

자료 8-21 철골공사1

① 앵커볼트 시공 및 철골반입

② 철골 양중 및 조립

③ 철골 기둥 세우기

④ 철골 기둥 레벨링

⑤ 철골보 시공

　• 볼트 체결 작업 시 작업자의 안전에 유의하며 충분한 관리 감독

　• 긴 첫수 부재는 들어올림 위치, 보조올림 도구 등을 사용해 휨
　　및 횡변형에 주의

⑥ 부재의 이음

　• 작업 시 볼트가 빠지지 않도록 주의

　• 가조립을 하는 경우는 미리 가조립요령서를 작성해 이에 따라 시공

⑦ 철골 지붕트러스 임펙트작업(볼트조임) TS볼트

　• 트러스지붕구조 작업 시에만 하부에서 조립

　• 접합부의 조임 순서는 접합부의 중심으로부터 바깥쪽으로 순차적 체결

　• T.S볼트 체결 시 핀테일(BOLT TIP) 제거 여부 확인

⑧ 트러스설치 양중

　• 크레인 양중 시 반경 내 접근 금지

　• 트러스완전 체결 후 인양고리 해체

자료 8-22 철골공사2

① 철골 보 세우기

② 부재의 이음(가조립)

③ 지붕트러스 임팩트작업

④ 트러스 설치 양중

조적, 타일, 방수공사에서
확인해야 하는 사항

🏠 조적공사

① 자재 반입 및 하차

- 지반이 높고 평탄하고 물이 고이지 않는 곳에 적치해서 흙, 콘크리트 잔재, 쓰레기 등과 섞이지 않도록 보관

② 모래 반입

- 미장사, 중사 등 용도가 틀린 모래는 섞이지 않게 현장 반입한다.
- 바람 등에 의한 비산먼지 발생 억제를 위한 포장대로 항상 덮어 보관한다.

③ 하이랜더 이용 시멘트벽돌 및 모래, 시멘트 인양 및 하차

- 시멘트 벽돌 인양 시 하이랜더의 일사용량의 경제성을 위해 미

장, 타일, 석공사 등에 사용되는 모래와 시멘트를 같이 반입해서 인양한다.

- 타공정에 방해되지 않고 소운반을 최소한으로 할 수 있는 공간에 적재

④ 시멘트 벽돌쌓기

- 주요 벽은 1.0B 쌓기, 간이 칸막이벽은 0.5B 쌓기 영식쌓기로 시공
- 2m 정도의 각파이프 또는 수평자 등으로 조적 벽면의 평활도를 체크

※ **벽돌쌓기 일반사항**

- 기둥, 벽체, 슬래브에 면한 부위는 모르터 충전을 철저히 해서 결로 및 균열방지
- 줄눈 모르터 두께가 얇은 경우, 부착 및 압축강도 발현이 어렵다.
- 1일 최대 쌓기는 1.5m 이하로 한다.
- 줄눈의 크기는 10mm를 지킴

① 자재 반입

② 모래 반입

③ 인양 및 하차

④ 시멘트 벽돌쌓기

⑤ 인방 제작 및 시공

- 최소 조적작업 3일 전에 제작해서 양생시킴

- 인방은 벽체에 20cm 이상 물리도록 설치

- 인방 설치높이 적정여부 확인

⑥ 긴결철물 삽입

- 벽체 코너부, 조인트부에서는 긴결철물을 수직 40cm~수평 90cm 간격으로 반드시 시공

⑦ 매립 배관시공 및 바닥배관

- 조적벽 등의 작업은 완전히 양생한 후 감독자의 승인을 득한 후 진행

- 액체방수 전 바닥 배관이 파손되지 않게 주의
- 배관이 단관일 경우, 홈벽돌 사용을 원칙
- 배관이 복관일 경우 등 부득이 벌려쌓기할 경우는 공사 착수 전 시공도 작성 후 적정여부 검토

⑧ 액체방수

- 각실 벽체 방수 높이는 화장실−1.2m 이상, 주방 − 1.2m 이상, 샤워실 − 1.8m 이상을 준수한다.
- 담수시험은 24시간 실시(동절기 영하 이하의 기온 시에는 담수시험 주의)

자료 8-24 조적공사2

① 안방 시공

② 긴결 철물 삽입

③ 매립 배관 시공

④ 액체방수 후 담수시험

🏠 타일공사

타일공사 시에 주의사항은 다음과 같다.

① 운반, 보관 및 취급
- 타일을 포장의 봉함이 뜯기지 않고 상표와 품질표시 사항이 손상되지 않게 반입
- 사용 직전까지 외기와 습기로부터 영향을 받지 않도록 보관하고 포장이 훼손되지 않도록 한다
- 접착재는 동결하거나 과열되지 않도록 한다
- 압착 붙이기 또는 접착 붙이기할 경우 바탕면의 평활도가 다음 범위에 들도록 한다.
  - 벽체 : 2.4m당 3㎜ 이내
  - 바닥 : 3.0m당 3㎜ 이내

② 환경조건
- 타일공사 중에 주위의 기온이 5℃ 이상 유지되도록 하고 시공 후 동해를 입지 않도록 보양

③ 바탕 준비
- 바닥면은 물고임이 없도록 하고, 도면에 명시되지 않은 경우 세탁실의 경우 1/100, 발코니의 경우 1/150의 구배가 유지되도록 한다. 타일을 붙이기 전에 바탕의 들뜸, 균열 등을 검사해 불량

부분은 보수하며, 불순물을 제거하고 청소한다

④ 타일공사 공법

- 떠붙임 공법 : 타일 뒷면에 붙임 모르터를 바른 뒤, 벽체의 아래에서 위로 타일을 직접 붙이는 공법으로 시공 시에 충분히 누르거나 두드려 빈틈이 생기지 않도록 눌러 붙이되, 붙임 모르터의 두께는 15~20mm를 표준으로 한다.
- 압착 공법 : 바탕면에 붙임용 모르터를 고르게 바르고, 그 위에 타일을 눌러 붙이는 공법으로 고무망치 또는 진동기로 두드려, 타일의 줄눈부위에 모르터가 타일 두께의 1/3 이상 올라오도록 시공한다.

⑤ 타일공사 순서

가. 타일 실 띄우기 작업

- 레벨, 다림추 등을 이용해 창문 등 개구부, 세면대 위치 등을 고려해 타일이 붙을 네 군데 모서리에 실을 띄운다.

나. 타일 시공

- 타일 채움 몰탈은 밀실하게 충진하며 화장실의 수전류 등 마감 후, 기구류 설치 시 타일이 깨지는 일이 일어나지 않게 한다.

• 타일 붙이기 전 바탕면의 수직, 수평, 직각 상태를 확인
• 모르터는 건 비빔한 후 3시간 이내, 물반죽 후 1시간 이내 사용
• 줄눈파기는 3시간 경과 후 실시하고, 24시간 경과 후 치장 줄눈시공 바탕면에 물 뿌림 후 시공

다. 코너비드 시공

• 코너부는 타일용 코너비드를 사용(AL 코너비드 사용할 것)

라. 타일 줄눈작업

• 백시멘트 줄눈시공 후 청소 상태확인 및 충분한 양생이 될 때까지 보양
• 줄눈시공을 철저히 해서, 타일 들뜸 및 백화현상이 발생하지 않도록 관리

자료 8-25 타일공사

① 타일 실 띄우기

② 타일 시공

③ 코너비드 시공

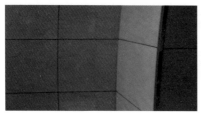

④ 타일 줄눈작업

🏠 방수공사

방수공사 공법에는 사용하는 부위에 따라서 다양한 방수공사 공법이 있는데 여기서는 원룸 건물에 일반적으로 많이 사용하는 방수공법인 시멘트 액체방수와 우레탄 노출방수에 대해서 설명하기로 한다.

1. 시멘트 액체방수공사

시멘트 액체방수란 콘크리트 바탕의 방수성을 높이기 위해 유기질의 방수제와 혼합한 시멘트 모르터를 덧발라 건축물 구조체 바탕에 수밀한 방수층을 만드는 공법이다.

① 시멘트 액체방수의 특징
- 방수액이 구조체의 공극을 메우는 방수공법
- 구성재료가 물, 시멘트, 방수액으로 습윤 환경하에서의 적용에 적합
- 유기질 막을 형성해 방습효과가 뛰어남
- 제조 및 시공방법이 비교적 간단
- 화장실 등의 실내 방수에 많이 이용

② 시멘트 액체방수 순서
가. 바탕 정리
- 깨끗이 청소된 바탕면에 방수시공 전, 충분히 물을 뿌려 모체를 습윤하게 유지한다.

나. 방수층 시공

- 방수 시멘트 풀칠 → 방수용액 도포 → 방수시멘트 풀칠 → 방수용액 도포 → 방수시멘트 풀칠 → 방수모르타르 바름의 공정을 통해 방수층을 시공한다.
- 치켜올림 부분에는 미리 방수시멘트 페이스트를 발라두고, 그 위를 100㎜ 이상의 겹침폭을두고 평면부와 치켜올림부를 바른다.
- 각 공정의 이어 바르기 겹침폭은 100㎜ 정도로 소정의 두께가 되도록 한다.

※ **바름간격**
- 각 공정의 바름간격은 다음 표를 표준으로 한다.

계절	지하	지상
여름	1시간 정도	연속해서 시공
봄 or 가을	3시간 정도	0.5~2시간 정도
겨울	6시간 정도	1~4시간 정도

다. 양생

- 직사일광이나 바람, 고온 등에 의한 급속한 건조가 예상되는 경우에는 살수 또는 시트 등으로 보호해서 양생
- 재령의 초기에는 충격, 진동 등의 영향을 주지 않도록 한다.

자료 8-26 방수공사

① 바탕정리

② 방수층 시공

③ 양생

2. 우레탄 노출방수

우레탄 노출방수란 고밀도 에멀션과 특수 무기질 파우더의 고밀도 탄성도막방수제로 구성이 되어 있으며 상부에 결합된 방수층은 물에 분해되지 않는 무기질 탄성 결정체가 되어 높은 수압에도 탁월한 방수성을 가지는 것이 특징이다.

① 우레탄 방수의 특징

- 이음새가 없는 방수층 형성하므로 복잡한 구조에 방수성이 보장된다.
- 인장강도가 크고 신장률이 우수하다.
- 내수성, 내구성, 내의약품성이 우수하다.
- 어떠한 재질에도 접착력이 우수하며 다양한 색상과 보수가 간단하다.

- 접착. 신장률 및 탄성력이 우수하다.
- 노출방수로 방수층이 가볍기 때문에 건물에 미치는 하중부담이 거의 없다.
- 탑코팅으로 최종 마감해서 자외선과 오염으로부터 보호할 수 있다.

자료 8-27 우레탄 노출방수

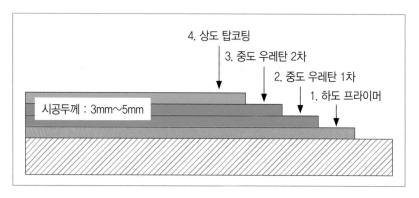

② 우레탄 노출방수 순서

　가. 자재반입

- 정확한 우레탄 방수 자재의 물량을 확인(제품명, 제조회사, 색상, 생산일자)
- 자재의 사용수량과 시공면적만으로도 방수도막의 두께를 개략적으로 파악할 수 있다.

　나. 방수 전 바탕정리

- 바닥 청소 후 슬라브의 면을 평탄화함
- 평탄화 작업 후 먼지제거기로 청소(타설 후 제거되지 않는 콘크리트 부산물 제거)

다. 우레탄 노출방수 하도(프라이머)

- 면갈이 후 프라이머칠(동절기 타설 시 충분한 다짐 시공이 이루어지지 않았을 경우 프라이머를 콘크리트 면이 보이지 않게 2~3회 도포)

라. 우레탄 노출방수 중도, 상도

- 프라이머의 완전 건조 후 중도, 방수를 실시
- 방수의 최종 방어막이므로 빠짐없이 도포 (최소 1~2일 이상 건조)
- 물기가 완전히 제거된 후 시공
- 중도의 완전 경화 후 상도 실시
- 방수턱까지 상도 감아올림

자료 8-28 우레탄 노출방수 순서

① 우레탄 노출방수 자재 반입

② 방수 작업 전 청소 및 정리

③ 하도(프라이머) 칠하기

④ 우레탄 노출방수(중도, 상도)

③ 우레탄 비노출방수

　가. 우레탄 비노출

　　• 프라이머칠까지는 우레탄 노출방수 전과정 동일(담수시험 2~3
　　　일간 실시)

　나. 방수 후 누름 콘크리트 타설

　　• 타설 전 찢어지거나 파열된 부분은 없는지 재확인 및 각종 배
　　　관 주변 확인

④ 옥상 누름 콘크리트

　• 담수 시험 후 물을 빼고 단열재와 폴리에틸렌 필름을 빈틈없이
　　깔고 접착테이프로 고정한다.
　• 누름 콘크리트(25-180-15)의 두께는 100mm 기준, #8와이어
　　메쉬(@150*150)를 넣고 쇠흙손 마감
　• 누름 콘크리트의 신축줄눈의 경우, 옥상 바닥은 SAW CUT, 우
　　레탄 코킹, 신축줄눈 간격 1.5m×1.5m로 하고 주차장 바닥은
　　SAW CUT, 코킹은 미시공, 신축줄눈 간격은 1.5m×1.5m로
　　하는 것이 일반적이다.

자료 8-29 우레탄 비노출방수

① 우레탄노출과 전 과정 동일

② 우레탄 비노출 방수 후 누름 콘트리트 타설

인테리어, 마감공사 시에
확인해야 하는 사항

🏠 수장공사 : 천정공사

※ 천정텍스 시공순서

① 시공중심선 설정

② 스트롱앵커 설치 900~1200mm 간격

③ 행거볼트 설치(H/GER Bolt를 스트롱앵커에 고정)

④ AL몰딩 설치

⑤ H/GER에 Carring Channel 설치(900~1200mm 간격)

⑥ Minor Channel 설치(2000~3000mm 간격)

⑦ M–BAR 설치(M–Bar Clip이용 300mm 간격 설치)

• CarringChannel에 M–bar Clip으로 연결, 고정한다.

• SINGLE M–Bar와 DOUBLE M–Bar가 사용 가능

⑧ 천정틀수평 조절(수평기 이용)

⑨ 텍스 설치

• 석고보드(9.5T)를 나사못을 이용해서 고정한다.

자료 8-30 천정텍스의 구성

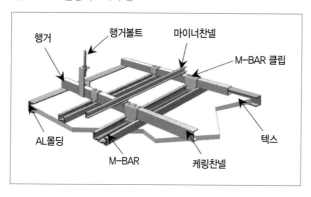

자료 8-31 천정텍스 시공

① H/GER Bolt 설치

② 케링찬넬 및 M-BAR 설치

③ 텍스 시공

④ 시공 완료

🏠 수장공사 : 경량칸막이 벽체공사

① 런너 시공(상·하부)

- 석고보드 간막이벽을 설치하고자 하는 장소의 바닥과 천정부위에 먹매김 실시
- 상하부 런너 고정 시 기매립된 전선과 혹은 설비배관이 런너 센터라인에 일치하는지 여부를 확인한 후 고정한다.

② 스터드 시공(450mm 간격)

- 스터드 높이는 하부 런너에서 상부 런너까지의 높이보다 12mm 정도 짧게 시공하되, 상부 런너와 스터드는 고정하지 않도록 한다(휨에 대한 대비).
- 스터드 길이가 3,999mm 이상일 때는 중간높이 1,500mm 지점에 펀칭한 뒤 캐링 채널로 수평 보강해 스터드의 뒤틀림 방지 및 직선을 유지하도록 한다.

③ 석고 1P 설치

- 한쪽 벽판 설치 후 전기, 설비 배관작업 후 나머지 벽판 시공
- 석고보드 설치 전 런너나 스터드면에 보드 설치 시 방해가 되는 이물질을 제거하며, 스터드나 석고보드면이 평행하도록 밀착되게 누르면서 스크루로 고정

④ 그라스울 설치

• 보온재 이음은 틈새가 없도록 밀착

자료 8-32 경량칸막이 벽체공사1

① 런너 시공(상, 하부)

② 스터드 시공

③ 석고 1P 설치

④ 그라스울 설치

⑤ 단열재 설치

⑥ 석고보드 시공

• 2P 시공 시 조인트가 겹치지 않도록 시공 (나사못과의 겹침 방지)

• 보드 시공 허용 오차는 1PLY 시공 시 2.3mm 이내, 2PLY 시공
은 1.2mm 이내

⑦ 2P 본드 작업 및 설치

• 석고보드를 본드 붙이기 한 경우는 석고본드가 완전히 굳을 수 있도록 2주간 동안은 변형이 생길 정도의 충격이나 힘을 가하지 않도록 한다.

• 석고 시공 시 모서리 돌출부위는 케이싱비드 사용으로 석고보드의 파손 방지

자료 8-33 경량칸막이 벽체공사2

① 런너 시공(상, 하부)

② 스터드 시공

③ 석고 1P 설치

④ 그라스울 설치

수장공사에서 발생하는 주요 하자는 욕실 천장판 휨, 파손과 벽 석고보드판 파손 및 고정불량, 천정 점검구규격 미달 또는 미설치 등이 있는데, 원인과 방지대책은 아래와 같다.

원인	방지대책
• 경량벽체 뒤틀림, 보온벽틀 석고보드 수직·수평 불량, 고정불량 등	• 자재반입 및 사용 시 각재의 함수율(15%) 확인(자재의 적절한 보관 유도) • 목재틀설치 시 수평·수직 확인 • 석고보드 고정못 시공기준 준수
• 석고판 파손	• 조적 벽체에 석고판이 시공되는 부위에서 도어록이 닿는 경우, 석고본드 • 석고판코너 시공부위 보강철물 시공·방바닥 미장면 하부 물림 시공(10mm) 철저 보강 및 도어스토퍼 설치
• 석고판 들뜸 및 턱짐	• 창호 주위 석고판 물림 시공 • 석고보드 조인트 부위 지지핀의 부족 시공이 발생하지 않도록 확인

🏠 도장공사

도장공사 시의 최적 온도는 섭씨 5~35도 사이이며 표면온도가 4도 이하 또는 33도 이상 시에는 작업을 지양한다. 습도의 범위는 40~80%이며, 85% 이상 시는 도장작업을 중단한다. 기타 외부 도장 시 안개, 비 또는 강한 바람이 불 때도 작업을 중단한다.

① 게링 후 퍼티작업

- 게링 작업 : 시공해야 할 부분의 유해한 부착물, 화학적 오염, 남은 도막, 먼지 등 불순물을 철혜라 및 철솔로 완전히 제거
- 퍼티 및 코킹작업 : 자재 부분의 이음, 볼트 조임 부분, 작은 구멍은 철저히 퍼티작업을 한다.
- 큰 균열로 누수방지가 불가피한 부분은 그라인더로 V컷팅한 후, 탄성 퍼티나 우레탄계 접착제를 혼합한 특수 몰탈로 보수하고

접합 부위는 우레탄계 코킹으로 벽면과 동일하게 메워지도록 깊숙이 완전히 충진

- 3mm 이상 벌어진 부분은 망사테이프 부착 후 그 위에 다시 퍼티작업을 시행

② 퍼티 후 양생

- 퍼티작업 후 완전 건조 시킨 후 후속 공정을 진행한다.

③ 샌딩작업

- 샌딩작업 : 흠집을 제거하고 도장할 표면을 매끄럽게 하며, 페인트 코트의 점착을 좋게 하기 위해 연마재를 사용해 문지르는 일

④ 수성페인트 도장 초벌-중·상벌

- 도장 전 작업 이외의 부분에는 페인트 등에 오염되지 않도록 커버링테이프, 청탑지, 비닐 등으로 보양
- 기존 바탕이 완전히 은폐되도록 칠함
- 초벌 도장 후 모든 바탕면이 완전 건조된 후 중·상벌 작업 시행
- 용도에 따라 낙서방지작업 1~1.5m 정도 높이로 낙서방지용 페인트로 칠한다.

※ 에나멜, 녹막이페인트 도장

- 먼지, 녹, 기타 불순물을 스크래퍼, 사포 등으로 제거하고 기름이 묻은 부분은 에나멜 신나 등으로 깨끗이 닦아낸다.
- 녹막이 도료 작업 : 작업이 끝나면 붓을 이용해서 산화의 우려가 있는 철재 부위에 녹막이페인트를 고루 도장한다.
- 상도 도장작업 : 녹막이 도장작업이 끝난 다음 12시간 이상 경과 후 전체상도 도장작업을 한다.

※ 시공 시 유의사항

- 도막 두께를 지나치게 두껍게 하지 말아야 한다.
- 도장작업 시는 고운 붓이나 롤러를 사용해서 측면반사가 되지 않도록 얼룩을 방지
- 먼지가 많을 때는 작업을 중지하고 이상이 있을 시 붓이나 롤러를 교체해서 도료를 여과 정제해 기포를 방지한다.

자료 8-34 도장공사

① 수성페인트 도장 Ⅰ

② 수성페인트 도장 Ⅱ

도장공사에서 발생하는 주요 하자는 들뜸, 백화, 균열 등이며 원인과 방지대책은 아래와 같다.

유형	원인	방지대책
들뜸	• 바탕에 유지분 함유 • 하도시 연마 불충분	• 유류 등 유해물 제거 후 휘발유, 벤졸로 닦음 • 목부일 경우 면을 평활히 연마
백화	• 도장 시 저온에서 공기 중 수증기가 칠면에 응축, 흡축되어 발생	• 기온이 7℃ 이하, 습도 85% 이상 시 환기가 충분치 못한 곳은 작업중지
균열	• 하도 시 건조가 불충분 • 하도, 상도 재질이 다를 때 • 바탕 물체가 흡수할 경우 / 기온차가 심한 경우	• 하도한 후 건조시간 준수·도료 종류 및 배합률, 동질의 도료 사용 • 바탕면은 퍼티 연마후 도장 7℃ 이하, 습도 85% 이상, 환기가 충분치 못한 곳은 피함

🏠 기타공사 : 트렌치

① 트렌치 및 철재 그레이팅공사 주요사항

- L형강반입 시 녹막이칠 상태로 반입하며 그레이팅 설치 전 철부 도장 실시
- 앵글 설치 시 방수층을 훼손하지 않고 물흘림 구배가 이루어지도록, 골조공사 시 충분히 트렌치 깊이 확보를 고려해서 시공
- 지하층 바닥 콘크리트 타설 전, 트렌치 앵글 고정용 앵커매립 위치 및 누락 여부 확인
- 주차장에 설치되는 그레이팅 부위는 골조로 형성되며, 골조면에 걸침 길이는 100mm 이상 확보

② 엘리베이터공사 주요사항

- 외부 판넬시공 전 엘리베이트 기계실 자재는 선공정으로 인양작업 실시
- 기계실 옥탑층 슬라브 타설전 인양용 후크고리를 천정에 선매립시킴
- 엘리베이터설치 완료 후 전기도면, 시운전, 시험성적표 및 매뉴얼 등을 관리 독관에게 제출하며 검사는 감독관이 지정하는 감독관 입회하에 시운전을 실시하고 합격판정을 받음으로 검사가 완료하는 것으로 한다.
- 승강로 내의 배선은 기계적 손상을 받지 않도록 구조체에 견고하게 부착해야 한다.

자료 8-35 기타공사

① 트렌치 및 철재그레이팅

② 엘리베이터 기계

전기공사 시에
확인해야 하는 사항

건축주인 여러분이 전기공사 시에 확인해야 하는 사항은 전기공사와 관련된 전문적인 공사내용이 아니다. 전기공사에서 건축주인 여러분에게 중요한 것을 필요한 곳에 필요한 전기 콘센트, 조명 등이 설치됐는지 확인하는 것이다.

전기공사 시에 확인해야 하는 사항은 다음과 같다.

① 각 실의 전기 콘센트의 위치, 특히 옵션으로 설치되는 인덕션이나 드럼세탁기 등 전기콘센트가 반드시 필요한 곳에 제대로 설치가 되고 있는가에 대한 확인
② 조명설치 위치, 주방, 거실, 화장실 등에 필요한 조명이 적용이 되고 있는지 확인해야 한다. 특히 인테리어 요소로 조명을 설치하는 경우에는 누락될 수 있으니 반드시 전기작업자에게 확인을 한다.

③ 조명등의 스위치의 위치 확인, 간혹 작업자들이 실사용 시 편의성을 고려하지 않고 스위치를 제멋대로 설치하는 경우가 있으므로 반드시 확인한다.

④ 옥외조명, 옥외 전기콘센트 등의 설치, 옥외 조명과 옥외 전기콘센트는 작업자들이 실내에만 신경을 쓰다 보면 누락될 수 있으니 공사 중에 반드시 확인한다. 특히 유지관리 시 옥외 전기 콘센트(공용)가 꼭 필요하니 누락되지 않도록 하자.

⑤ 통신배관, 주요 통신배관에는 인터넷 배관과 초인종 및 현관 개폐기가 있는데, 인터넷 배관과 현관 개폐기의 시공이 골조공사 중에 병행되어 진행되지 않을 경우, 구조물을 일부 철거하는 등의 재시공하는 경우가 발생하니 골조공사 중에 반드시 전기, 통신 작업자를 통해서 확인하도록 한다.

설비공사 시에
확인해야 하는 사항

    설비공사 또한 전기공사와 마찬가지로 화장실 변기의 위치, 세면대의 위치, 싱크대의 위치 등 건축주인 여러분이 원하는 위치에 배관이 되고 있는지 작업자를 통해서 반드시 확인하도록 한다.

※ **골조공사 중 슬리브의 설치**

① 입상 샤프트 등 골조 관통부위 SLEEVE SHOP DWG 작성

② 철골 구조 시 덕트, 소화배관 등 벽체, 슬리브 관통부위를 사전에 체크해서 철골 제작도면 승인 시 반영 조치한다.

③ 배관 슬리브는 건축 최종바닥 마감보다 50mm 이상 올라오도록 설치한다.

④ 물탱크 또는 외벽과 같이 물의 유입이 우려되는 부분의 슬리브는 지수판으로 설치하도록 한다.

⑤ 콘크리트 타설 시 이탈되지 않도록 견고하게 설치해야 한다.

⑥ 타설 시 콘크리트의 유입을 방지하기 위해 보호 조치해야 한다.

⑦ 슬리브의 크기는 관통 배관의 규격보다 2단계 이상의 것을 사용하며 배관 보온을 고려해서 결정한다.

자료 8-36 슬리브의 위치

① SLAB 슬리브

② 지수판 슬리브

③ 벽체관통 슬리브

건축 기계설비의 배관에는 공조배관, 급수·급탕배관, 오배수배관, 소화배관 등 여러 종류가 있으며, 이에 따라 배관재질 또한 다양하며, 서로 다른 시공자에 의해 시공되는 경우가 많다. 따라서 사전협의를 통한 상세한 배관 시공도를 작성해서 본래의 기능 또는 유지보수상 불합리한 배관이 되지 않도록 해야 한다.

특히 설비배관은 외부로 노출되는 부위가 겨울철에 동파되는 경우가 많으므로 반드시 보온공사 작업을 확인한다.

보온공사는 배관 및 장비설치가 완료된 후 용도별, 부위별로 결로, 방음, 방동을 위한 최종 마감공사이므로 충분한 보온효과와 미려한 시공이 요구된다.

또한 보온공사 시 보온재의 관리소홀 등으로 인해 단열효과 저해와 배관부식 등이 발생하지 않도록 전 시공과정에 걸쳐 철저한 관리가 이루어져야 한다. 필요시 부분적으로 열선 등을 시공해서 보완하도록 한다.

자료 8-37 배관

① 급수 급탕 및 소화 배관

② 오·배수 배관

자료 8-38 보온공사

① 보온재 피복 작업

② 배관 동파 사진

이 5가지는 건축주도
직접 확인해야 한다

공사진행은 대부분 시공회사가 관련 법규와 도면에 맞게 진행을 하지만 건축주가 반드시 확인해야 하는 사항이 5가지가 있다.

자료 8-39 사용승인 단계 중점 관리사항

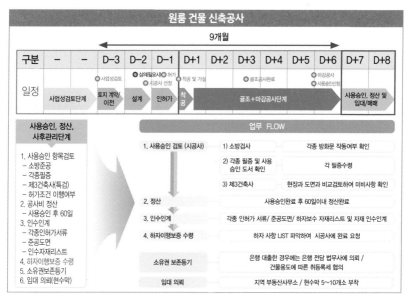

첫 번째, 인허가 일정이다.

'Part 06. 원룸 건물 신축 시 필요한 인허가 지식'에서도 이미 언급을 했지만, 건축주는 대부분 건축허가나 착공신고, 설계변경 인허가와 사용승인 등의 인허가 절차가 진행될 때 설계사무소나 시공사에만 진행 정보를 의지하게 되는데, 이는 바람직하지 않다.

물론 인허가를 진행하고 있는 설계사무소나 시공사의 담당자들이 이런 이야기를 한다.

"인허가 관청에서 설계사(사용승인 시에는 시공사)가 아닌 건축주가 오면 싫어 한다. 그러니 나에게 맡겨 두셔라."

하지만 건축주가 찾아오는 것을 싫어하는 담당공무원은 거의 없다. 물론 건축에 대해서 모르는 건축주가 오게 되면 이것저것 기본적인 사항들까지 설명을 해줘야 하는 경우가 생길 수 있기 때문에 귀찮을 수는 있다. 하지만 도리어 '이 건축주는 왜 이렇게 관심이 없는 거지?'라고 생각을 하는 담당공무원들도 있는 것이 사실이다.

인허가를 진행하고 있는 설계사무소나 시공사의 담당자들이 자신에게만 맡기라고 이야기는 하는 이유는 건축주가 진행상황에 대해서 많이 알면 많이 알수록 본인이 일처리를 빨리 진행하지 않는 것을 알게 되고 일을 바로바로 진행해야 되니 귀찮아지는 것. 이 단 하나다.

건축주로서 당당하게 인허가 진행상황을 알려달라고 요청해야 하고 잘 알려 주지 않을 때는 건축주인 여러분이 직접 담당공무원을 찾아가서 진행상황을 알아보기를 권한다.

두 번째로 주차장 폭이다.

일반적으로 주차라인을 건물을 다 지은 다음에 그리게 되는데, 법에 나와 있는 최소기준 2.5m×5.0m(2019.3월 시행)가 나오지 않으면 건물을 부수게 되는 경우가 발생할 수 있다.

일반적인 필로티 건물의 경우에 기둥과 기둥 사이에 3대 정도의 주차장이 들어가게 되는데, 공사완료 후에 주차라인이 들어가지 않는 경우는 건물 사용승인이 나지 않을 수도 있고, 아무도 책임져주지 않는다.

골조공사진행 중에 1층 기둥이나 코어(계단실 등)의 위치를 잡을 때 반드시 줄자로 건축주인 여러분이 직접 확인해야 한다.

※ 주차장의 크기

제3조 (주차장의 주차구획) ① 법 제6조제1항에 따른 주차장의 주차단위구획은 다음 각 호와 같다. 〈개정 2012. 7. 2., 2018. 3. 21.〉
2. 평행주차형식 외의 경우

구분	너비	길이
경형	2.0m 이상	3.6m 이상
일반형	2.5m 이상	5.0m 이상
확장형	2.6m 이상	5.2m 이상
장애인전용	3.3m 이상	5.0m 이상
이륜자동차 전용	1.0m 이상	2.3m 이상

출처 : 법제처, 주차장법 시행규칙

세 번째, 건물과 대지경계선과의 거리다.

대지경계선과 건물은 기본적으로 민법 제242조에 따라 최소 0.5m 이상은 띄어야 한다. 그리고 시군구 조례로 그 이상의 거리를 띄어야 하는 경우도 있다.

이 사항도 위 주차장과 마찬가지로 건물의 위치를 잡을 때 미리 확인해 놓지 않으면 공사 완료 후에 이러지도 못하고 저러지도 못하는 상황이 발생하기도 한다.

반드시 건축주인 여러분이 줄자로 확인하기 바란다.

※ 민법의 대지경계선

제242조(경계선부근의 건축) ①건물을 축조함에는 특별한 관습이 없으면 경계로부터 반미터 이상의 거리를 두어야 한다.

네 번째는 계단유효폭이다.

계단유효폭은 대형건설현장에서도 간혹 시공자들이 많이 놓치는 부분이기도 한데, 계단의 유효폭은 1.2m 이상이 반드시 확보돼야 한다. 1.2m는 가장 좁은 부분, 즉 난간 안쪽에서 반대편까지의 직선거리를 말하는 것인데도, 중심선에서의 거리나 또는 제일 넓은 곳을 기준으로 공사를 하다가 많이 실수를 하게 된다.

간혹 이 폭이 안 나와서 계단 벽면을 하스리(콘크리트벽을 부수는 것)하는 경우도 종종 있다. 만약 타일 등의 마감재까지 붙여놨다면 건축주로서 정말 가슴 아픈 일이 아닐 수 없다.

※ 계단유효폭

제15조(계단의 설치기준) ① 영 제48조의 규정에 의하여 건축물에 설치하는 계단은 다음 각호의 기준에 적합하여야 한다. 〈개정 2010. 4. 7., 2015. 4. 6.〉

② 제1항에 따라 계단을 설치하는 경우 계단 및 계단참의 너비(옥내계단에 한한다), 계단의 단높이 및 단너비의 칫수는 다음 각호의 기준에 적합하여야 한다. 이 경우 돌음계단의 단너비는 그 좁은 너비의 끝부분으로부터 30센티미터의 위치에서 측정한다. 〈개정 2003. 1. 6., 2005. 7. 22., 2010. 4. 7., 2015. 4. 6.〉

3. 문화 및 집회시설(공연장·집회장 및 관람장에 한한다)·판매시설 기타 이와

유사한 용도에 쓰이는 건축물의 계단인 경우에는 계단 및 계단참의 유효너비를 120센티미터 이상으로 할 것

4. 윗층의 거실의 바닥면적의 합계가 200제곱미터 이상이거나 거실의 바닥면적의 합계가 100제곱미터 이상인 지하층의 계단인 경우에는 계단 및 계단참의 유효너비를 120센티미터 이상으로 할 것

마지막으로 다섯 번째는 난간높이다.

1층 빼고 나머지 층에서는 바닥에서 벽체가 1.2m보다 낮다면 추락을 방지하기 위해 무조건 1.2m 높이까지 난간을 세워야 한다.

옥상이나 베란다, 테라스는 물론이고 특히 외부로 나있는 전창(통창)을 놓치는 경우가 많이 있으니 건축주인 여러분이 직접 챙겨야 한다.

※ 난간 높이

건축법

제40조(옥상광장 등의 설치) ① 옥상광장 또는 2층 이상인 층에 있는 노대등[노대(露臺)나 그 밖에 이와 비슷한 것을 말한다. 이하 같다]의 주위에는 높이 1.2미터 이상의 난간을 설치하여야 한다. 다만, 그 노대등에 출입할 수 없는 구조인 경우에는 그러하지 아니하다.

언급한 5가지만 건축주인 여러분이 직접 챙기게 되면, 건물 완공 후에 사용검사승인이 안 되어서 낭패를 보는 일은 없으리라 생각된다. 다시 한번 말하지만, 아무도 책임져 주지 않는다.

PART
09

마스터스케줄
작성하기

마스터스케줄이란?

모든 일이 마찬가지겠지만, 특히 원룸 건물, 신축사업의 경우는 건축주가 잘 준비해서 전반적인 계획을 세워야 한다. 각 단계별로 건축주스스로 해야 할 일과 설계사, 시공사가 해야 할 일을 숙지하고, '기준'을 가지고 일을 끌고 나가지 않으면 승냥이 같은 건축관계자들에게 끌려다니게 되고, 그 결과는 공사비 증가와 공사기간의 지연으로 나타나게 된다.

많은 건축주가 공사비의 증가는 그나마 민감하게 받아들여서 적극적으로 대처를 하는 데 반해 공사기간의 증가는 대수롭지 않게 생각하는 오류를 범한다. 공사기간이 한 달 지연될 때의 손해는 공사비 1~2백만 원 늘어나는 것과는 비교도 안 될 정도의 큰 경제적 손실을 가져온다.

예를 들어서 토지 가격 5억 원, 공사비 5억 원의 원룸 건물을 건축한다고 가정을 했을 때 한 달 공사지연은 얼마의 손해를 가져오는지 알아보자.

토지 가격 5억 원, 대출 3억 원이고, 공사비 5억 원, 대출 3억 원이라면 대출에 대한 한 달 이자는 금리를 4%라고 가정을 해도 '(6억 원×4%)÷12개월＝200만 원/월'이다.

추가적으로 방이 만약 16개라면, 한 달 월세 수입이 '16개×50만 원＝800만 원/월'이므로 한 달이 지연돼 건축주가 손해를 보는 금액은 단순하게 계산해봐도 1천만 원 정도가 된다.

그래서 필자가 20여 년간 관여하고 있는 대기업에서 추진하는 대규모 건축사업들에서는 '설계변경으로 인한 공사비 증가'보다 '공사기간 지연'에 대해서 더 심각하게 받아들이는 것이다.

그럼, 이런 공사비 증가와 공사기간의 증가, 즉 총사업비의 증가를 막기 위해서는 어떻게 해야 할까?

정답은 바로 전체 마스터스케줄을 작성하고 관리하며, 이 전체 마스터스케줄을 다시 세분화해서 관리해야 하는 것이다.

전체 사업 일정에서 관리 포인트,
마일스톤 관리하기

마스터스케줄을 잘 관리하기 위해서는 관리 포인트, 즉 '마일스톤'이라 불리는 '관리 포인트'를 확인해서 집중관리를 해야 한다.

> ※ **프로젝트 마일스톤**(Project Milestone)
> 이정표, 프로젝트 관리에서 특정 시점에 수행되어야 하는 특정한 실행 내용. 예를 들면 설계의 완성, 시제품의 생산, 시제품 시험 완료, 시험 가동 승인 따위가 있다.

'조그마한 원룸 건물 짓는데 그렇게까지 해야 하나?'라고 생각하면 오산이다. 개인인 건축주의 돈 1천만 원은 대기업의 100억 원에 해당하는 가치를 지닌다. 이렇게 관리할 때와 하지 않을 때의 차이는, 공사에 관계된 설계사, 시공사 등의 공사관계자들이 더 확실하게 느끼게 된다.

짧게는 5, 6개월, 길게는 10달 이상이 소요되는, 초행길의 긴 여행을 떠나는데 지도가 없으면 자기가 어디에 서 있는지, 어디로 가야 하는지 몰라 헤매게 되고, 시공사, 설계사, 관청에 휘둘리게 된다.

마스터스케줄 사례

통상적인 원룸 건물의 전체 흐름(Flow)을 살펴보자. 전체적인 흐름을 바탕으로 간략한 마스터스케줄을 작성한다.

특히 반드시 지켜야 하는 사항들, 예를 들면 '허가완료일', '시공사 선정완료일', '착공일', '골조공사완료일', '사용승인 접수일', '사용승인 완료일' 등은 반드시 '날짜'로 명기해 놓아야 한다.

계획했던 날짜에서 하루나 이틀 정도 차이가 있을 수 있지만, 목표일이 없는 것과 있는 것은 하늘과 땅 차이니 반드시 날짜를 명기하도록 하자.

자료 9-1 원룸 건물의 전체 흐름

원룸 건물 신축공사												
9개월												
구분	–	–	D–3	D–2	D–1	D+1	D+2	D+3	D+4	D+5	D+6	D+7	D+8

일정

사업성검토단계 → 토지 계약/이전 → 설계 → 인허가 → 착공 → 골조＋마감공사단계 → 사용승인, 정산 및 임대/매매

- 사업성검토
- 심의필요시／허가
- 시공사 선정
- 착공 및 가설
- 골조공사완료
- 마감공사
- 사용승인신청

사업성검토단계	설계／인허가단계	착공단계	골조＋마감공사단계	사용승인, 정산, 사후관리단계

1. 인근 임대료 확인
2. 매매 수익률 확인
3. 프로젝트 특성검토
4. 실사_공사여건
5. 예상공사비 검토
6. 예상공사기간 검토
7. 가설계
8. 인허가 특이사항
	1. 토지 계약, 이전
	2. 설계사 선정, 계약
	3. 설계도서 검토
	4. 인허가 절차 검토
	5. 건축허가(심의) 일정
	6. 시공사 선정, 계약
	  – 공사비 확정
	  – 계약이행보증 수령
	7. 공사기간 확정
	8. 설계 VE
	9. 감리계약
	10. 은행 공사비대출
	11. 사업자등록
		1. 착공일정관리
		2. 현장가설계획확인
		  – 가설사무실, 휀스
		  – 안전시설 설치 등
		3. 시공사_가설공사 검토
		  – 자재,장비 반입동선
		4. 시공사_골조공사 계약확인
		  – RC/PC/철골계약
		5. 허가조건 확인
		6. 정기안전점검용역
		7. 지급자재 확인
			1. 습식공사 투입확인
			  – 조적/미장/방수
			2. 외관공사 투입 확인
			  – 창호 / 유리공사
			  – 판넬 및 외벽공사
			3. 내부마감공사 투입확인
			  – 내부창호
			  – 잡철물공사
			4. 인테리어공사 투입
			5. 외부사인물
			6. 가구, 옵션사항 계약
			7. 준공청소
			8. 기성시 대출서류
				1. 사용승인 항목검토
				  – 소방준공
				  – 각종필증
				  – 제3건축사(특검)
				  – 허가조건 이행여부
				2. 공사비 정산
				  – 사용승인 후 60일
				3. 인수인계
				  – 각종인허가서류
				  – 준공도면
				  – 인수자재리스트
				4. 하자이행보증 수령
				5. 소유권보존등기
				6. 임대 의뢰(현수막)

모든 사업에는
사업계획서가 있다

부동산 투자를 했거나 시작하려고 생각을 하는 사람이라면 대부분 회사나 본인의 본업에 임할 때는 정해진 매뉴얼과 절차를 따른다. 신규 사업을 기획하거나 하다못해 부서, 팀 내에서 기안을 작성할 때도 관련된 이전 사례와 자료, 구체적인 실행계획까지 작성을 하고 피드백을 한다. 그런데 정작 자신의 전 재산이 걸린 부동산 투자를 시작할 때는 그렇지 못한 경우가 많다.

부동산 투자든, 아니든 그것이 어떤 종류의 투자이든 시작하고 구상을 할 때는 반드시 '사업계획서'를 작성하길 바란다.

여러분이 만약 직장인이라면 회사업무 중에 작성하는 사업계획서에 들어가는 항목들 예를 들어서 배경이나 개요, 목표, 사전조사, 실행계획, 대안, 수익률, 기간 등을 회사업무보다 더 정성을 들여서 작성하고 검토해보기를 권한다(출처:《부동산 상식을 돈으로 바꾸는 방법》, 조장현).

대부분의 사람들이 회사일을 할 때는 심혈을 기울여서 사업계획서를 작성하고 검토를 한 후에 보고를 한다. 그런데, 정작 자기 전 재산이 들어가는 '진짜 사업'은 사업계획서 없이 노트에 몇 장 끄적끄적 메모하는 것으로 일을 진행한다.

　부동산 투자, 특히 원룸 건축, 소형 신축사업을 할 때는 반드시 사업계획서를 작성해야 한다.

사업계획서 작성 시
반드시 확인할 5가지

원룸 건물, 소형 신축사업을 시작하기로 했다면 사업계획서 초안을 만들기 시작해라.

만약 당신이 회사를 다니고 있는 직장인이라면, 당신의 회사에서 쓰고 있는 보고서 양식에 맞춰서 당신 회사의 사장님에게 보고를 한다는 생각으로 정성껏 만들라.

만약 당신이 직장인이 아니라면, 블로그에 작성을 하거나 파워포인트 양식을 다운로드받아서 작성을 하기 바란다.

사업계획서에는 아래와 같은 내용이 반드시 들어가야 한다.

① 사전조사내용과 방법　　② 자금

③ 일정　　　　　　　　　④ 목표수익

⑤ 출구전략

원룸 건물 신축 시 임대전략과 특화전략

수익률과 방 크기의
상관관계

원룸 건물을 지으려고 계획하거나 소형 신축사업을 진행하다 보면 '각 층마다 작은 방을 4개를 넣을까, 아니면, 좀 넉넉하게, 크게 해서 3개만 넣을까?'라는 고민을 반드시 한 번은 하게 된다.

당연히 원룸 건물, 소형 신축사업에서의 최우선 순위는 당연히 '수익률'이다. 그래서 원룸 건물, 소형 신축사업을 하는 사람들은 최대한 방개수를 많이 만들려고 한다.

왜냐하면, 원룸이 월세가 50만 원일 때에, 면적이 원룸의 두 배인 투룸이 월세를 100만 원을 받는 것은 아니기 때문이다.

그런데 도면이 나오고, 다른 원룸 건물도 견학 가고 하다 보면, '너무 작은가?'라는 생각을 하게 되고, '다른 원룸 건물과의 경쟁에서 밀리면 어떻게 하지?'라는 고민을 하게 된다.

그나마 이런 고민을 하는 건축주는 적극적인 모습을 보이는 분들이고, 아무 고민 없이 설계사무소에서 그려준 대로 하는 분들도 많다.

고민이 될 때는 먼저 '수요와 공급'을 알아보자.

임대 강도에서 수요가 강세인 지역인지, 공급이 많은 지역인지를 확인한다. 또 추가적으로 내가 지은 원룸 건물 주위에, 특히 내 건물과 지하철역과의 사이에 새로 원룸 건물을 지을 부지들이 얼마나 많은지(신축이라는 이름으로 내 건물을 옥죄어 올 예비 신규 경쟁자들)도 반드시 같이 고려를 해야 한다.

'내가 짓는 원룸 건물이 우위다'라고 판단이 되면 '방 개수를 늘리는 방향'으로 결정하고 내가 짓는 원룸 건물이 우위가 아니거나 예비 신규 경쟁자의 출몰이 다수 예상된다면 소비자의 선택의 폭을 넓혀주는 방향으로 고민해야 한다.

옵션은 어느 선까지 해야 할까?

일반적으로 원룸 건물의 경우는 대부분 옵션 사항이 포함된다. 기본적인 옵션 사항으로는 에어컨, 세탁기, 인덕션, 옷장, TV 등이 있다. 추가로 침대, 책상, 전자레인지 등도 옵션 사항으로 설치해주는 경우가 종종 있다.

그렇다면 어떤 경우에 기본 옵션 사항만 하고, 또 어떤 경우에 추가 옵션 사항까지 설치해주는 것일까?

여기서도 앞에서 이야기한 '각 층마다 작은 방을 4개를 넣을까, 아니면 좀 크게 해서 3개만 넣을까?'에서 적용된 수요와 공급의 법칙이 적용된다.

즉 원룸 건물의 수요가 공급보다 상대적으로 많은 지역에서는 '기본 옵션 사항'만 적용하는 것이고 공급이 수요보다 상대적으로 많은 지역에서는 추가 옵션 사항까지 설치를 해줘야 한다.

어찌 보면 당연한 말을 한다고 생각하겠지만, 의외로 이 옵션 사항을 결정할 때에 기준을 잡지 못하는 건축주들이 많다. 그리고 이 옵션사항도 방 개수가 많을수록 비용의 부담이 되는 것이므로 사업성 검토단계에서 반드시 짚고 넘어가야 하는 사항이다.

결정하기 어렵다면, 가장 좋은 방법은 '방을 구한다'고 하며 인근의 원룸을 최대한 많이 다녀보자.

엘리베이터와 임대,
매도의 상관관계

어떤 원룸 건물에는 엘리베이터가 있고, 또 어떤 원룸 건물에는 엘리베이터가 없다. 과연 엘리베이터를 넣는 것이 좋을까, 안 넣어도 상관이 없을까?

특히 서울 도심의 원룸 건물의 경우에는 대지 면적이 협소해서 땅 한 평이 아쉬운 것이 현실이다. 그러다 보니 엘리베이터를 넣어야 하는지 안 넣어도 될 것인지 고민을 하게 된다.

결론을 먼저 얘기하자면 '엘리베이터는 넣어라'다. 필자가 보유하고 있는 원룸 건물 중에는 엘리베이터가 있는 원룸 건물도 있고, 없는 원룸 건물도 있다.

엘리베이터가 있는 원룸 건물의 경우에는 엘리베이터 공사비가 약 3천 8백만 원 정도 소요가 됐다. 매달 엘리베이터 유지관리업체에 지불하는 비용이 월 15만 원이다. 별도로 엘리베이터 관련 교육도 들어야 하는 등 비용과 노력이 들어간다.

그럼에도 필자가 '엘리베이터는 넣어라'라고 강력하게 이야기하는 이유는 엘리베이터 덕분에 임대 시와 매도 시에 아주 유리한 입장에 설 수 있기 때문이다.

현재 주위에 있는 원룸 건물 대부분이 엘리베이터가 없는 상태라면 임차인이 방을 찾을 때 우선순위로 여러분의 원룸 건물을 찾아올 것이고, 또 매도 시에도 공사비는 3천 8백만 원이 들어갔지만 엘리베이터가 있다는 것만으로 적게는 5천만 원, 많게는 1억 원까지 매도가격을 올릴 수 있다.

만약 여러분이 엘리베이터가 없는 원룸 건물을 짓게 된다면, 주위에 엘리베이터가 있는 원룸 건물이 한 동, 두 동 생길 때마다 임대료 걱정과 임차인 걱정을 해야 될 가능성이 커지게 된다.

지금 당장보다는 미래를 위해서 엘리베이터의 설치를 고민하고 있다면 '엘리베이터를 넣는 것'이 정답이다.

에어컨 배관은 매립으로!

　필자가 초장기에 지은 원룸이 있는데, 건물의 준공 시점에서 보니 입면이 참 깨끗하게 공사가 잘 완료되었다고 생각을 했다.

　그런데 사용승인이 나고 에어컨, 세탁기, 인덕션, 옷장, TV 등의 옵션공사를 완료하고 나니 내가 생각했던 건물의 모습이 아니었다.

　바로 에어컨 실외기가 방마다 하나씩 창문 옆에 달리다 보니 건물의 입면이 지저분하게 된 것이다. 그래서 이후부터 지은 원룸 건물들은 에어컨 배관을 옥상으로 모두 모으고 에어컨 실외기를 옥상에 배치하게 됐다.

　그 결과 건물 외벽면에 에어컨 실외기가 노출되지 않아서 보다 깨끗한 원룸 건물의 이미지를 찾을 수 있게 됐다.

자료 10-1 에어컨 실외기 설치

자료 10-2 에어컨 실외기 옥상 설치

에어컨 실외기를 옥상에 모아 설치할 때 한 가지 주의해야 할 사항은 옥상에 배치된 에어컨 실외기 주위의 방수가 잘못 시공될 경우 비가 올 때 에어컨 실외기의 배관을 타고 실내로 물이 누수가 될 수 있으니 옥상 에어컨실외기 주위의 방수에 특별히 신경을 써야 한다.

건물끼리 붙어 있는 지역이라면,
창문 가림막은 반투명!

건물끼리 붙어 있는 곳에 있는 원룸 건물이라면 부득이하게 창문 가림막을 설치해야 하는 경우가 있다. 모두 알고 있듯이 원룸 방 하나에 한 개 있는 창문이 가려지게 되면 채광 등 여러 가지 면에서 임차인이 불편하게 되고 임대에도 어려움을 겪게 될 수 있다.

이때 건축주인 여러분은 시공사에서 추천하는 기성품 가림막을 사용하지 말고 그림과 같이 반투명 아크릴로 직접 제작해서 설치하기를 권한다.

자료 10-3 반투명 창문 가림막 외부

아크릴로 반투명 창문 가림막을 제작해 설치하면 밖에서 볼 때도 답답해보이지 않는다. 뿐만 아니라 내부에서도 창문이 반 이상 열려 있고 또 가림막으로 막힌 부분도 반투명으로 되어 있기 때문에 임차인들이 불편하지 않게 된다.

자료 10-4 반투명 창문 가림막 내부

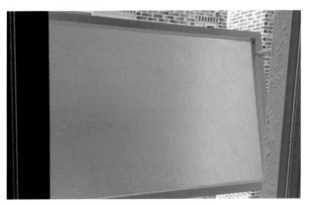

청소용 공용 수도, 청소용 고리와
전기 콘센트는 잊지 말자

원룸 건물을 준공하고 세입자를 들이고 바쁜 시간을 보내다 보면 건물의 외부에서 청소나 소소한 작업을 하게 될 경우가 생긴다.

만약에 이때 공용 수도나 공용 전기 콘센트를 건물 외부에 설치해 놓지 않았다면 어떻게 될까?

매번 청소할 때나 전기 콘센트가 필요할 때마다 가까운 세대(주로 2층 세대)에 양해를 구하고 전기나 수도를 얻어 써야 한다. 자기 건물인데도 불구하고. 처음 원룸 건물을 짓는 건축주나 시공사에서는 이 점을 간과할 수 있다.

공사 시공 중에 건축주인 여러분이 공용 전기 콘센트, 공용 수도꼭지, 청소용 고리 등을 외부에 설치할 수 있도록 반드시 확인하기 바란다.

자료 10-5 외부 공용 전기 콘센트

원룸 건물 건축주가 알아야 하는 필수 관리지식

원룸 건물의 특성상 원룸을 사용하는 임차인이 뭔가 불편함을 이야기할 때 건축 하자의 경우에 시공사에 연락을 해서 조치를 취하도록 요구할 수 있다. 하지만, 시공사가 하자 조치를 위해 방문하는 것이 하루 이틀 안에 이뤄지는 경우가 극히 드물기 때문에 간단한 것들은 원룸 건물 주인인 여러분이 직접 처리할 수 있으면 좋다.

시공사의 하자 조치가 바로 이루어지지 않는 이유는 여러 가지가 있다. 그중 가장 큰 이유는 인건비, 바로 '돈' 때문이다. 시공사 입장에서는 하자 처리는 당연히 이루어져야 하는 것이지만 이왕이면 두 번 방문할 것을 한 번 방문해서 한꺼번에 처리를 하는 것이 이득이다.

요즘 웬만한 기술을 가진 작업자들의 하루 일당이 20만 원을 넘는 경우가 대부분이기 때문에 어차피 하루 치 일당을 지급하는 일이라면 여러 건을 모아서 하루에 처리하려고 한다.

이 Part에서는 시공사를 부를 정도로 어렵지 않고 건축주가 간단하게 할 수 있는 보수 방법을 알아보기로 하자.

싱크대 밑에 물이 새요

공사가 끝나고 입주가 이루어진 후 얼마 지나지 않아서 입주자로부터 싱크대 밑에서 물이 떨어진다고 연락이 오는 경우가 자주 있다. 이런 경우는 입주를 시작한 지 조금 시간이 지나서 연락이 오는 경우가 대부분이다.

건축이나 설비에 대한 지식이 전혀 없는 초보 건축주 입장에서는 굉장히 당황스러운 일이지만 사실 이런 누수는 알고 보면 정말 간단하게 해결되는 것이다. 임차인과 전화통화나 영상통화로 쉽게 마무리할 수도 있다.

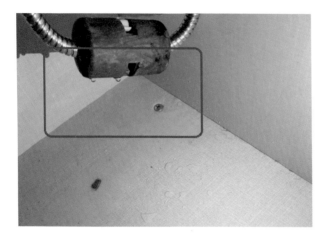

〈자료 11-1〉처럼 싱크대 하부에 물이 떨어지는 이유는 어이없게도 싱크대 수전과 수도관(자바라)을 조립할 때 조여지지 않았기 때문이다.

〈자료 11-2〉에서 화살표가 있는 부분이 싱크대 수전과 수도관(자바라)의 연결된 곳이다. 작업자들이 많은 수의 싱크대 수전을 연결하다 보니 대충 조립하고 일을 마무리하는 경우가 생긴다. 처음에는 조금씩 배어 나오던 물이 입주자가 사용하면 할수록 점점 틈이 벌어져서 물이 많이 흐르게 되는 것이다. 해결방법은 화살표상의 싱크대 수전과 수도관(자바라) 연결 부위를 돌려서 조이는 것으로 끝난다.

〈자료 11-2〉는 필자가 임차인과 영상통화를 하면서 조치방법을 설명하면서 찍은 사진이기 때문에 화질이 좋지 않다. 여러분도 원룸 건물을 지은 후에 임차인들에게 이런 종류의 하자 처리 요청을 받는다면 영상통화 등을 이용해서 처리를 해보는 것도 좋을 것이다.

자료 11-2 싱크대 수전과 수도관(자바라) 연결 부위

배수구에서 냄새가
난다고 할 때 처리방법

배수구에 연결된 배수관은 그 내부에 안 좋은 냄새가 항상 가득하다. 이런 냄새가 실내로 유입이 되지 않도록 '봉수'와 '트랩'을 사용한다. 가장 일반적인 방법으로써 배수관이나 배수구에 물이 고여 있도록 하는 것이다.

자료 11-3 봉수와 트랩

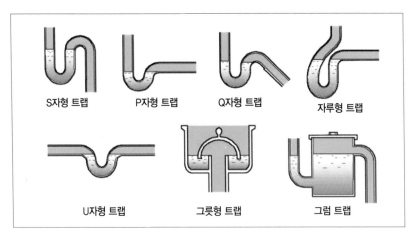

※ 봉수(고인 물)

배수 트랩을 사용해서 배수관의 일부에 물을 고이게 함으로써 하수 가스가 통하지 못하게 하는 일

※ 트랩

배수관 악취의 역류를 막기 위한 장치. 관의 일부를 'U'자, 'S'자 따위로 구부려서 물이 고여 있게 한다.

만약 여러분의 원룸 건물에 하수구 악취가 올라오고 있다면 그 원인은 이러한 장치, 즉 트랩이 설치가 되지 않았거나, 아니면 장기간 물을 사용하지 않아서 트랩에 고여 있어야 하는 봉수(고인 물)가 말라버린 것이다.

하수구 냄새가 올라오는 곳의 트랩과 봉수의 상태를 확인하자. 그리고 공사 중에 옥상 등 외부로 화장실 냄새를 밖으로 배출하는 배기구가 설치됐는지 반드시 확인하도록 한다.

자료 11-4 화장실 배기를 위한 옥외배관

엘리베이터가 있는 건물이라면
반드시 확인할 사항

앞서 원룸 건물을 지을 때 이왕이면 엘리베이터를 설치하는 것을 권한다고 이야기했다. 엘리베이터를 설치하는 원룸 건물의 골조공사를 할 때 건축주가 알아야 할 것이 있다. 엘리베이터 피트의 누수와 방수가 그것이다.

> ※ **엘리베이터 피트**
> 승강 케이지가 오르내리는 통로의 최하부에 있는 완충용 공간. 승강 케이지가 낙하할 경우를 대비해서 완충기가 설치되어 있다.   출처 : 우리말샘

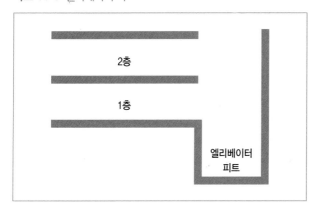

엘리베이터 피트는 그림과 같이 건물의 최하부에 위치하기 때문에 장마철 등 우기철이나 지하수위가 높은 곳에서는 우물처럼 되어 물이 잠기는 현상이 발생할 수 있다.

그래서 예전에는 엘리베이터 피트에 작은 집수정을 만들고 고이는 물을 자동으로 펌핑을 해서 밖으로 물을 내보냈다. 그러나, 승강기 관련 규정이 바뀌어서 집수정이나 펌프를 설치하지 못하게 되었다. 바뀌게 된 취지는 엘리베이터 피트는 완전방수가 되어야 한다는 것이었지만 현실적으로 철근콘크리트라는 재료가 공극과 크랙이 발생할 수밖에 없는 구조여서 그 어떤 방수공법도 지속적인 수압을 이기지는 못한다. 즉, 현실과 이론의 차이가 있다는 이야기다. 그러다 보니 이와 관련된 하자가 끊이질 않는다.

빌라 엘리베이터 피트 인젝션방수 공사(독산동) 2020.04.09.

독산동에 위치한 빌라 엘리베이터 피트 인젝션방수 공사 현장입니다. 엘리베이터... 피트에서 누수가 발생할 경우 승강로 내부의 습도를 높게 만들고 엘리베이터...

블로그 내 검색

엘리베이터 피트 누수 방수공사 /아크릴 인젝션 방수로 해결! 2019.11.23.

자~그럼 엘리베이터 피트 누수현장으로 가서 점검해 볼까요? 우선 주민들에게 운행정지를 알리고 엘레베이터 관리자와 예약하여 엘리베이터 문을 개방하고 안전...

블로그 내 검색

엘리베이터(승강기) 피트 누수에 대한 방수공사 2019.05.20.

오늘은 하자보수 공수 중에 엘리베이터(승강기) 피트 누수에 대한 방수공사에 대한... 그라우팅 공법은 주로 균열부에 사용이 되는 공법으로 엘리베이터 피트 균열부에...

블로그 내 검색

한강르네상스아파트 엘리베이터 피트(Pit) 방수공사 2019.01.21.

시공완료 건 사계절 가장 많이 문의하시는 방수공사 중 하나인 엘리베이터 피트 방수공사입니다. 엘리베이터 피트의 경우 항시 볼 수 있는 장소가 아니기에 기계도...

블로그 내 검색

출처 : 네이버

엘리베이터 피트 문제를 해결하려면 두 가지 방법 중 하나를 선택해야 한다.

하나는 엘리베이터 피트 내부에 집수정을 설치하고 엘리베이터 검사 시까지 숨겨 놓고 검사가 끝난 후 집수정에 펌프를 설치하는 것이다. 이 경우는 1년마다 하는 엘리베이터 정기 검사 시 문제가 될 수 있다. 즉, 관련 법규에 위배되는 방법이다.

다른 한 가지 방법은 엘리베이터 피트에 인접한 위치에 엘리베이터 피트보다 더 깊은 집수정을 만들고 자동펌프를 설치해서 물이 찰 때마다 배수를 하는 방법이다. 물을 낮은 곳으로 흐르게 해서 엘리베이터 피트가 우물이 되는 것을 방지한다.

필자는 이 방법을 사용하고 있으며, 이러한 이유때문에 다른 사람이 지은 건물은 매입하지 않는다. 이렇게까지 신경을 쓴 건축업자는 없기 때문이다.

자료 11-7 엘리베이터 인근 집수정 설치1

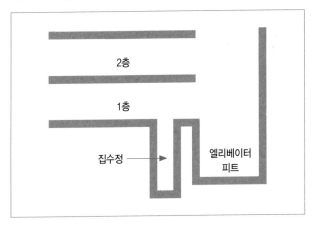

자료 11-8 엘리베이터 인근 집수정 설치2

보일러가 작동이 안 될 때

원룸 건물을 보유하면서 임대를 놓을 때 다수의 세입자에게 보일러 문제로 연락을 받게 된다. 초보 건축주인 여러분이 다행인 것은 이 '보일러와 관련된 문제'의 대부분은 신축 1년 차 때만 연락이 오다가 계절이 한 바퀴 돌고 안정화되면 이와 관련된 연락은 거의 오지 않는다는 것이다.

보일러에 문제가 생기게 되면 실내에 있는 보일러 조작반에 에러 코드가 뜨게 된다. 이때 당황하지 말고 세입자에게 보일러 조작반에 안내된 해당 보일러업체의 A/S센터에 전화해서 해결하라고 하면 된다.

보일러 완성 검사 시 원룸 건물에 있는 보일러에 대한 전수 검사가 이미 이루어졌고 또 신축건물이기 때문에 보일러 A/S 기간이 충분히 남아 있다.

대부분의 초보 건축주들은 자기가 모르는 분야에 대해 묻는 세입자의 전화가 오면 당황하기 마련인데 옵션 사항이나 보일러와 같은 장치

들은 해당 업체와 세입자를 바로 연결해 주는 것이 일처리도 제일 빠르고 신경도 덜 쓰게 된다.

자료 11-9 원룸의 보일러실

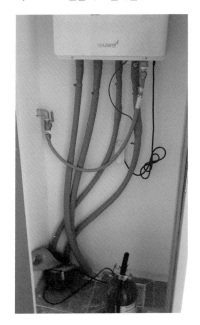

자료 11-10 보일러의 에러코드

재활용 쓰레기 처리

원룸 건물을 소유하기 전에는 재활용 쓰레기라고 해봐야 주말에 한 번 정리해서 집 근처에 정해져 있는 재활용 쓰레기장에 가져다 버리는 일이 전부였을 것이다.

이제 여러분은 건물주가 되었기 때문에 여러분의 건물에서 나오는 재활용 쓰레기 처리도 관심을 가져야 한다. 여러분에게 권하고 싶은 것은 재활용 쓰레기장 바로 앞에 CCTV를 설치하라는 것이다.

재활용 쓰레기 처리장앞에 CCTV를 설치하면 좋은 점은 첫 번째로 입주자들이 재활용을 할 때 CCTV가 있으면 함부로 일반 쓰레기를 버리지 않는다는 것이다. 두 번째는 재활용 쓰레기를 정리해야 하는 시기를 여러분이 어느 곳에 있든지 확인할 수 있다는 것이다.

분류는 플라스틱, 비닐, 종이, 캔/병 등 4~5가지로 분류를 하는 것이 좋으며 특히 종량제봉투를 사용하는 일반 쓰레기 처리하는 장소는 제일 잘 보이는 곳에 설치하도록 하자.

자료 11-11 재활용 쓰레기 처리

자료 11-12 재활용 쓰레기 처리장 앞 CCTV 설치

청소용역업체에 맡겨볼까?

필자는 보유하고 있는 원룸 건물의 일부는 직접 청소와 재활용 쓰레기를 처리하고 일부는 청소용역업체에 맡겨서 청소와 재활용 쓰레기를 처리하고 있다.

청소용역업체에 청소와 재활용 쓰레기처리를 맡기게 되면 일주일에 두 번 정도 방문을 하는데 한 번은 청소와 재활용 쓰레기처리를 하고 한 번은 간단한 청소만 하고 간다.

청소의 범위는 복도, 엘리베이터, 건물 외부 청소가 주가 되는데 아무래도 직접하는 것보다는 전문업체에 맡겨서 청소와 재활용 쓰레기처리를 하는 것이 더 깔끔하다.

비용은 20세대 정도 되는 원룸 건물 기준으로 한 달에 약 13만 원 ~15만 원 정도다.

특히 청소용역업체에 청소와 재활용 쓰레기처리를 맡기는 경우에는 앞에서 언급한 재활용 쓰레기 처리장 앞의 CCTV는 필수다.

관리비를 내지 않는
임차인 상대하기

많은 사람들이 원룸 건물 임대 등의 주거용 부동산 임대를 해보기 전에는 '월세를 제때에 내지 않으면 어쩌나' 하는 걱정을 하는데, 실제로 주거용 부동산 임대를 해보면 월세를 제때에 내지 않는 세입자는 30명 중에 한 명 정도 될까 말까 한다.

웬만한 사람이라면 월급 등 돈이 생기게 되면 자기의 보금자리, 잠자리인 월세부터 미리 떼어 놓는 것이 인지상정이다.

처음 여러분의 원룸 건물에 임차를 들어온 사람이라며 입주 후 두 세번 정도 정해진 월세 날짜에 맞춰서 하루, 이틀 전에 '○월○일은 월세 입금일입니다. 확인 바랍니다'라는 문자를 보내도 좋다.

그리고 많은 임대인들이 착각하고 있는 것이 있는데, 만약에 임차인 즉 세입자가 월세를 내지 않으면 미리 받아 놓은 '보증금'에서 공제를 하면 된다고 생각하는 것은 잘못된 생각이다.

이 보증금은 단순히 월세를 안 냈을 때에 공제하기 위한 돈이 아니고 만약 명도소송을 하게 될 경우, 명도소송에 들어가는 비용과 그 사이에 지급하지 않은 월세를 공제할 돈이다.

우리나라는 월세를 두 번 연체하면 강제로 집행을 할 수 있는데, 이 강제로 집행을 하는 것에 해당하는 것이 명도소송, 압류 등이다.

월세 두 번 안 냈다고 압류까지 할 것은 아니지만, 적어도 명도소송 정도는 생각을 해야 한다. 명도소송이 진행되는 동안의 미납 월세는 물론이고 이 명도소송에 들어간 비용도 '보증금'에서 공제를 해야 한다.

만약, 여러분의 세입자가 월세를 두 번 미납한다면 미납한 바로 다음 날부터 법적 대응을 시작하는 것이 좋다.

'좋은 게 좋은 거다'라든가, '내가 좋은 마음으로 대하면 상대도 알아주겠지'라는 순진한 생각은 버리는 것이 좋다. 세상이 그렇게 아름답게 돌아가면 좋겠지만, 세상에는 정말 각양각색 사람이 있다. 순진한 생각은 접어두고 법적인 대응과 협상을 동시에 진행하는 것이 맞다.

CCTV 확인하는 방법

원룸 건물에 설치된 CCTV는 주출입구, 각 층 엘리베이터 앞, 주차장 출입구, 재활용 쓰레기장 앞 등에 설치를 하는 것이 일반적이다.

만약 4개 층이 있는 원룸 건물이라면 주출입구 앞 1개, 각 층 엘리베이터 앞 4개, 주차장 출입구 1개, 재활용 쓰레기장 앞 1개 등으로 총 7개의 CCTV가 필요하다.

원룸 건물 공사가 진행 중일 때에 KT나 SKT 등 CCTV 관련 업체의 영업사원이 공사현장에 방문을 해서 견적서를 뽑아준다. 이때에 필요한 개수와 위치를 알려주면 견적금액을 알려준다.

이 CCTV는 여러모로 유용하게 사용이 된다. 방범 목적을 비롯해서 재활용 쓰레기의 불법투기, 원거리에 거주지가 있을 때 임차인을 만나지 않고 집을 보여줄 때도 유용하다.

요즘에는 대부분의 CCTV가 모바일로 연동이 되기 때문에 실시간 확인도 간편하고 특히 모바일로 이전 영상도 검색할 수 있어서 유용하게 사용하면 많은 도움이 된다.

자료 11-13 CCTV 모바일 연동 화면

자동문이 고장났다면?

원룸 건물에 설치되는 자동문의 경우에 전기 배선은 전기공사 작업자가 작업을 하고 주출입구 초인종과 번호키는 통신공사 작업자가 작업을 한다. 자동문 본체는 자동문 전문 창호 작업자가 작업을 하게 된다. 그러다 보니 자동문이 고장이 났을 때 어느 작업자의 몫인지가 매우 불분명하다.

그런데 임차인이 건물 밖에서 주출입구 문을 열지 못해서 못 들어가고 있다면 참 난감한 상황이 아닐 수 없다. 이런 일이 발생했을 경우 당황하지 말고 일단 가장 먼저 연락되는 작업자에게 연락을 취한다. 그런 다음 공용 전기의 전기차단기를 내려서 임시조치를 하면 대부분의 경우 임시로 해결이 가능하다.

즉 자동문에 연결된 전기를 끊어서 자동문을 수동으로 열고 닫을 수 있도록 하는 것이다. 물론 임시방편이기는 하지만 여러분의 원룸 건물에 살고 있는 임차인들이 나가지도 못하고 들어가지도 못하는 불상사는 막을 수 있다.

겨울철 동파방지

    원룸 건물은 1년, 사계절을 한 바퀴 돌아봐야 안정화가 되는데, 신축 후 첫 겨울철에는 특히 동파방지에 신경을 써야 한다. 원룸 건물에서 제일 많이 동파사고가 발생이 되는 부위는 바로 필로티 천정이다.

    필로티 상부는 외기와 바로 접해 있기 때문에 동파로 인한 사고가 빈번하게 발생이 되는데 이를 방지하기 위해서는 공사 중에 반드시 배관에 보온공사를 하거나 또는 열선 시공을 해야 한다.

자료 11-15 필로티 천정 동파　　**자료 11-16** 배관보온공사

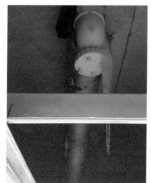 

사업관리
PM의 활용

사업관리자, PM이란?

일반적으로 기업에서는 신규로 그 기업의 사옥이나 물류센터, 공장, 기숙사 등의 건축사업을 진행할 때, 일반적인 기업에는 '건축전문가'가 없다.

건축사업은 사업성 검토단계부터 대상 토지의 매입단계, 설계 및 인허가단계, 시공사 선정과 공사 진행, 준공과 유지관리 단계에 이르는 다양한 단계를 거쳐 완성된다. 각 단계별로 셀 수 없이 많은 관계 법령이 있고 해당 건축사업과 관련된 다양한 사람들과 함께 건축사업의 업무를 진행하게 된다.

또한, 이천 물류센터 화재사고, 서울 도심의 철거공사 중 붕괴사고 등이 발생한 이후로 안전사고 발생에 대해서 기존에는 시공사에게만 책임을 물었으나 관계 법령을 강화해서 건축주에게도 관리책임을 묻는 방향으로 바뀌고 있다.

그래서 일반적으로, 기업들은 그들의 건축사업을 진행할 때에 사업관리자, 즉 PM(Project Manager)를 선정해서 건축주 대행 업무를 맡긴다.

모두 아는 것과 같이 이 '건축시장'이라는 곳이 건축사업에 대해서 경험이나 지식이 많은 사람에게는 안전한 곳이지만 건축사업에 대해서 경험이나 지식이 없는 사람에게는 부지불식간에 뒷통수를 맞는 경우가 허다한 곳이기 때문이다.

기업에서 새로 건축사업을 시작할 때는 이러한 위험을 최소화하고 해당 건축사업이 원활하게 진행될 수 있도록 너무나 당연하게 건축사업 전문가인 PM에게 건축 사업관리를 맡긴다. PM은 건축주의 대행자로서 경험과 지식을 활용해서 전문적인 관리로 위험을 최소화한다. 그런데 일반인들은 자기의 전 재산이 걸려 있는 원룸 건축, 신축사업을 진행할 때는 그렇게 하질 못한다. 사업관리자(PM)의 존재를 모른 채 건축주 자신의 본업과 병행하면서 바쁜 시간을 쪼개어 본인이 직접 '건축' 일을 하고 있다.

그러다 보니 날고 기는 건축 관련자. 하지만 알고 보면 기술자가 아니고 장사꾼에 불과한 소위 '업자'들의 농간에 속는 일이 비일비재하다.

선량한 건축주들이 원룸 건물, 신축사업을 하면서 장사꾼, 사기꾼에 가까운 업자들에게 속아 넘어가는 일들을 주위에서 보며, 안타까운 마음에 필자는 전작인 《맘고생 않는 집짓기 사용설명서》를 집필했다. 책에서 건축업자들에게 피해당하는 여러 가지 사례에 대해서 구체적으로 기술했다. 그 예방 방법에 대해서도 상세하게 언급을 했으나 '업자'들에게 피해를 본 수많은 건축주가 메일, 문자, 전화 등으로 해결방법을 문의하고 있다.

그들, 즉 일부 부도덕한 건축업자들을 상대하기에 대부분의 건축주는 너무나 선량하다. 그리고 그들을 너무 믿었다. 전반적으로는 건축주의 편에 서서 건축주의 이익을 대변하는 '전문가'가 없다 보니 그렇게 된 것이 아닌가 생각이 된다.

'문제'라는 것은 발생되기 전에 대비하면 간단하게 해결된다. 하지만 문제가 터진 이후에는 수습하는 데 몇 배의 수고와 노력, 돈이 들어가게 된다.

PM의 업무영역

PM은 건축주를 대신해서 아래의 업무를 진행한다.

(1) 부지의 선정(필요시)

- 사업부지의 수지분석, 개략 인허가절차 및 기간 산정, 공사비와 공
  사기간 추정

(2) 설계 및 인허가관리

- 설계업체 선정 및 설계 진행사항 관리
- 건축허가, 착공신고, 설계변경허가, 사용승인일정 관리
- 공법검토, 건축주의 요청사항 설계반영, 주요 마감자재 검토
- 공사비 절감방안 및 공사기간 단축방안 검토

(3) 명도 및 철거

- 기존 건축물 철거 및 관리
- 명도

(4) 시공단계

- 시공사 선정 및 계약
- 공사진행 관리 및 기성 공사비 지급의 적정성 확인
- 공사 품질관리 및 자재의 적정사용 확인
- 총공사비 관리
- 설계변경 사항 및 공사비 증가요인 억제

(5) 준공 및 유지관리

- 건축 허가조건 이행 여부 확인 및 사용승인 인허가 관리
- 건물 하자 확인 및 조치 지시
- 장비 등 정상작동 유무 확인
- 시공사 공사비 정산
- 마케팅 지원

처음으로 원룸 건물, 신축사업을 시작하는 건축주라면 한두 번 정도는 부분적으로라도 전문 사업관리자(PM)의 도움을 받아 원룸 건물, 신축사업을 안전하게 시작하고, 경험과 지식이 쌓은 후에 스스로 건축사업을 진행하는 것을 고려해보는 것이 좋을 것이다.

조장현

| 약력

- 건축시공기술사, 건설안전기사, 건축기사, 사업관리(PM)전문가
- 롯데그룹 건축사업 PM, 삼우 CM, KCC건설 근무
- 롯데아울렛 / 롯데백화점 등 대형 복합시설 PM
  캐논코리아 / 롯데로지스틱스 / 도미노피자 등 공장, 물류센터 PM
  마포 공덕동 주상복합 등 오피스 / 주거시설 PM
- 한국생산기술연구원 연구센터 등 교육연구시설 시공
- 15년 차 부동산 경매 투자자 / 원룸 건물, 신축사업 투자자
- (주)리얼에셋앤파트너스 대표 / 사업관리 PM, 부동산 투자 컨설팅, 부동산 투자

| 학력

- 연세대학교 공학대학원 81기
- 명지대학교 건축공학과
- 반포고등학교

| 저서

- 《부동산 상식을 돈으로 바꾸는 방법》(2019, 매일경제신문사)
- 《부장님 몰래 하는 직장인 경매의 기술》(2019, 페이퍼로드)
- 《맘고생 않는 집짓기 사용설명서》(2019, 북씽크)

| 주요 프로젝트

1. 대형복합시설
   - 롯데아울렛 이천점, 광명점, 부여점 / 백화점 광복점 사업관리 PM
   - 롯데백화점 소공점, 잠실점(롯데월드), 강남점, 영등포점 등 리모델링 사업관리 PM
   - 인천터미널 복합몰 사업관리 PM
   - 대한교원공제회 지리산호텔(리조트) 시공
2. 공장 / 물류센터
   - 캐논코리아 안산 신공장 신축공사 사업관리 PM
   - 롯데로지스틱스 이천 물류센터 신축공사 사업관리 PM
   - 도미노피자 용인 허브센터 사업관리 PM
   - 광주도시철도 1호선 1~9공구 공항역사 시공
3. 오피스 / 주거시설
   - 캐논코리아 사옥 PM
   - 마포 공덕역 주상복합 시공
4. 교육연구시설
   - 한국생산기술연구원 안산연구센터 시공

(개정판)
부동산 사지 말고 지어라!
원룸 건물, 신축사업 길라잡이

제1판 1쇄 2020년 6월 30일
제1판 4쇄 2022년 2월 25일
제2판 1쇄 2024년 2월 5일

지은이 조장현
펴낸이 한성주
펴낸곳 ㈜두드림미디어
책임편집 이향선
디자인 노경녀(nkn3383@naver.com)

㈜두드림미디어
등 록 2015년 3월 25일(제2022-000009호)
주 소 서울시 강서구 공항대로 219, 620호, 621호
전 화 02)333-3577
팩 스 02)6455-3477
이메일 dodreamedia@naver.com(원고 투고 및 출판 관련 문의)
카 페 https://cafe.naver.com/dodreamedia

ISBN 979-11-93210-52-9 (03320)